KB077344

절대 배신하지 않는
영업의 기술

절대 배신하지 않는 영업의 기술

초판 1쇄 2021년 08월 25일
지은이 김유나 | **펴낸이** 송영화 | **펴낸곳** 굿웰스북스 | **총괄** 임종익
등록 제 2020-000123호 | **주소** 서울시 마포구 양화로 133 서교타워 711호
전화 02) 322-7803 | **팩스** 02) 6007-1845 | **이메일** gwbooks@hanmail.net

ISBN 979-11-91447-49-1 03190 | 값 **15,000**원
※ 파본은 본사나 구입하신 서점에서 교환해드립니다.

※ **굿웰스북스**는 당신의 풍요로운 미래를 지향합니다.

가치 & 공감 여성 영업인의 성공 스토리

절대 배신하지 않는 영업의 기술

김유나 지음

SALES SKILLS

굿웰스북스

프롤로그

나는 경단녀에 빚까지 많은 이혼녀였다. 내 손에 아무것도 가진 것이 없었다. 하루살이처럼 오늘 하루가 지나면 내일은 어떻게 살아야 하나 고민했다. 갚아도 갚아도 줄어들지 않는 빚을 갚기 위해 어렵게 일을 구해도 버티기가 버거웠다. 경단녀를 환영해주는 일자리는 어디에도 없었고 매달 빚을 갚을 만한 월급을 주는 회사도 없었다. 우울증에 자살 생각도 수없이 했다. 하지만 죽을 용기조차 없었던 나는 무조건 살아야 했다.

내 인생에 단 한 번도 생각해본 적 없었던 영업을 시작했다. 유일하게 나를 받아주고 기회를 준 곳이 영업이었다. 빚을 갚고 성공하기 위해 간절함으로 영업을 배웠고 절박함으로 일했다. 대한민국에서 경단녀라는 타이틀을 없애주고 빚 많은 이혼녀라는 꼬리표를 떼어준 것이 영업이다.

대부분의 사람들이 영업에 대해 안 좋은 인식을 가지고 있고 영업을 쉽게 생각하고 업신여기기도 한다. 나도 영업을 시작하기 전까지는 그렇게 생각했다. 진입 장벽이 낮고 특별한 기술이 필요하지 않기 때문이다. 그래서 인생의 마지막 직업을 영업으로 선택하는 사람도 많다. 영업은 아무것도 가진 것 없는 사람이 성공할 수 있는 유일한 직업이라 생각한다. 영업은 스펙이나 학력이 중요하지 않다. 오히려 그런 조건들이 영업에 방해가 되는 경우가 더 많다.

영업은 모든 사람들에게 공평하게 도전할 수 있는 기회를 준다. 또한 자신이 이루어낸 만큼 보상이 주어진다. 이처럼 누구나 선택할 수 있고 누구나 기회를 얻을 수 있는 직업이지만 결코 가볍게 생각하고 시작해서는 안 된다. 하지만 영업을 제대로만 배운다면 영업에서 최고의 대우를 받으며 상위 1%의 영업인이 될 수 있다.

이 책은 이제 6년 차 영업인이 된 내가 어설픈 충고를 하려고 쓴 것이 아니다. 나와 같은 상황에 처한 경단녀, 이혼녀, 아줌마, 영업을 시작하는 사람들, 영업을 배우고 싶은 사람들에게 먼저 경험한 사람으로서 모두 공감할 수 있고 성공할 수 있는 좋은 방향을 제시해주고 함께 나아가고 싶어서다.

지금 현재 처한 상황은 아무도 대신해주지 않는다. 오롯이 내가 해결해야 한다. 모든 선택과 행동은 내가 해야 한다. 그 길고 긴 여정이 너무 많이 지치고 힘들다면 이 책을 읽으며 '김유나'라는 새로운 멘토이자 친구, 파트너를 얻기를 바란다.

이 자리를 통해 지금의 나를 있게 해준 사랑하는 사람들에게 감사의 인사를 전하고 싶다. 내 삶의 가장 소중한 그리고 내가 살아가야 하는 유일한 이유이자 원동력인 사랑하는 내 딸 아린이. 엄마는 아린이를 세상에서 가장 사랑한다. 또 내가 모든 일에 나설 때 적극적으로 지지해주고 도와주고 응원해준 정욱 오빠, 나의 성공을 항상 믿어줬던 베스트 프렌드 기원이, 언제나 내가 옳다고 응원해준 유미에게 고마움을 전한다. 그리고 내가 작가로 데뷔할 수 있게 물심양면으로 도와주시고 끝없는 긍정의 힘과 의식의 가치를 깨닫게 해준 〈한책협〉의 김도사님, 권마담님 이하 모든 코치분들께도 감사의 마음을 전한다.

마지막으로 막무가내 하나뿐인 외동딸을 항상 믿어주고 지켜봐주신 아버지, 감사합니다. 사랑합니다. 이제는 하늘에서 내려다볼 엄마지만 평생 나 하나 잘되라고 자신의 인생보다 딸의 인생을 위해 고생하셨던 엄마 사랑합니다. 엄마의 딸로 태어나서 엄마의 딸로 살 수 있어서 행복했습니다. 이제는 하늘에서 아프지 않고 성공한 딸의 모습 보면서 늘 행복하셨으면 좋겠습니다. "다시 태어나도 엄마 딸로 태어날게, 약속해." 엄마, 아빠는 영원히 나의 영순위입니다. 사랑합니다.

2021년 여름, 김유나

목 차

2장 영업은 끈기가 아니라 기획력이다

3장 실적이 올라가는 끌리는 멘트 7가지

4장 Yes를 끌어내는 8가지 비밀

5장 가치와 공감을 파는 영업인이 되라

SALES SKILLS

1장

영업은 평생 직업이다

01

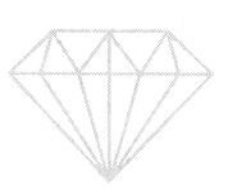

내가 영업을 할 줄이야!

나는 20대 이후 시작된 가난으로 고된 삶을 살게 되었다. 아버지의 사업 실패로 수십 억의 빚을 지게 됐고 우리 가족은 모두 신용불량자가 됐다. 50년대 보릿고개 넘는 시절도 아니건만 당장 먹을 쌀 한 톨이 없었다. 그래서 나는 이것저것 닥치는 대로 일했다. 눈 뜨면 독촉 전화가 걸려왔고 돈 받아내겠다고 아버지를 찾으러 매일 사람들이 집 앞으로 왔다. 매일 아침 눈을 뜨면서 내일은 없었으면 하는 마음으로 살았다.

빚은 완벽히 해결되지 않았지만 몇 년간 열심히 살아온 덕분에 결혼을 하고 이쁜 아이도 낳았다. 그러나 나에게는 산후우울증이 찾아왔다. 1년여 동안 신경정신과 약을 복용하다 문득 이런 생각이 들었다. '내가 계속

약에 의지해도 괜찮을까? 이제는 약 먹지 말고 사람들도 만나면서 건강한 정신으로 살아보자.'라고 다짐했다.

그러던 어느 날, 아버지의 사업 실패 후에 남아 있던 세금 체납고지서가 내 앞으로 날아오기 시작했다. 편찮으신 어머니의 병세도 점점 더 악화되어 치료비도 늘어나기 시작했다. 나와 내 가족이 살려면 무슨 일이든 해야 했다. 다시 20대로 돌아간 것 같았다. 친정 빚을 남편한테 얘기할 수도 없는 노릇이었다. 나는 진심으로 지긋지긋한 빚더미에서 벗어나고 싶었다.

그래서 무조건 돈을 많이 벌 수 있는 곳에서 일하기로 결심했다. 그렇게 선택한 곳이 보험 영업이었다. 영업 일을 하겠다면 주위에서 묻지도 따지지도 않고 반대할 게 뻔했다. 그래서 아무에게도 얘기하지 않고 내 발로 찾아가서 영업을 시작했다.

내 주변의 영업자들은 굉장히 대조적이다. 억대 연봉의 영업자 아니면 한 달 한 달이 고비인 영업자이다. 내가 정말 영업이 안 되던 시기가 있었다. 그때 친했던 억대 연봉 선배님 무리를 만난 적이 있다. 잘 나가는 선배들에게 비법이라도 얻어낼 심산으로 물었다.

"도대체 어떻게 하면 영업을 잘할 수 있어요?"

"뭐, 별거 있냐. 그냥 하면 되지."

“에이~ 그래도 영업 잘하는 비법이라도 좀 알려주세요.”

그러자 한 선배가 말했다.

“영업만큼 돈 많이 벌 수 있는 일이 어딨냐. 못 버는 애들은 아무것도 안 하고 있어서 못 버는 거야.”

그 뜻을 한참 동안 생각하고 깨달았다. 영업이라는 직업에 정답은 없지만 무조건 돈을 벌 수 있는 구조다. 본인이 조금만 머리 쓰거나 손품만 잘 팔아도 돈이 따라온다. 영업이 안 되는 이유는 본인 신세 한탄이나 하며 아무것도 안 하고 있기 때문이다. 그 소중하고 아까운 시간을 버리고 있는 것이다.

“내 주위의 지인 다섯 명의 연봉을 합쳤을 때 평균이 내 연봉이다.”

나의 책 쓰기 스승님이시자 멘토인 〈한책협〉의 김도사님이 말씀하셨다. 어떤 사람들과 어울리고 만나는지에 따라 삶의 차원이 달라진다. 고액 연봉 영업자들은 어떻게 하면 더 잘할 수 있을지를 이야기한다. 영업 고자들은 자기들끼리 어울려서 위로하고 격려한다. 서로 죽을 때까지 실패해보자는 무능한 패기라는 생각이 들었다.

내가 처음 입사한 회사는 손해보험회사였다. 오전에는 콜을 돌리고 오후에는 대면을 나가는 하이브리드 영업점이었다. 나는 전화통화를 하는 것이 세상에서 제일 힘들다. 그런데 오전 업무가 콜이라니 미칠 지경이었다. 나는 연애할 때도, 친한 친구들과도 전화통화를 자주 하지 않는다. 그래도 회사 방침이니 꾸역꾸역 콜을 돌렸다. 며칠을 아무 소득 없이 지내다 내 말을 잘 들어주는 고객님과 연결이 되었다. 2시간 30여 분의 통화를 마치고 나는 울었다. 성희롱의 선을 넘나들며 나를 쥐락펴락했고 결국 매니저의 도움으로 통화가 종결됐다. 지금 같았으면 신고를 하든 강제종결이라도 할 수 있었을 것이다. 그 후로 나는 전화통화에 대한 트라우마가 심해졌다.

내가 할 수 있는 고객 찾기가 뭐가 있을까 하고 열심히 고민했다. 네이버 카페와 지식인에서 보험을 궁금해하는 사람들이 질문을 한다는 걸 알게 되었다. 최선을 다해서 대답해주고 쪽지를 보내는 방법으로 영업을 시작했다. 매일매일 수백 통의 쪽지를 보내던 중 한 고객으로부터 답장이 온 것이다. 종합보험으로 설계해서 설명해달라고 전화번호까지 남긴 쪽지를 받았다. 그때까지 나는 설계를 한 번도 해본 적이 없었다. 담보도 제대로 이해 못 하는 수준의 영린이었다. 그런 내가 설계를 해야 한다니 앞이 캄캄해졌다. 그 한 고객의 청약을 받기 위해 나는 150개의 가입설계서를 뽑아야 했다. 담보마다 추가, 삭제를 무한 반복하며 나는 내가 정말 멍청한 줄 알았다. 150번째 가입설계서를 뽑았을 때 청약에 성공했다. 다음 달 통장이 두둑해질 생각에 너무 행복했다. 그 후로 회사에서 그 상품에 관해 나만큼 지식을 가진 사람이 없었다. 그 고객과는 현재까지 언니 동생처럼 친하게 지내고 있다.

나의 20대는 너무나 치열했다. 하루에 일을 4~5개씩 하니 매일이 지겨웠다. 통장도 못 만들어서 친구 통장으로 월급을 받았다. 힘들다고 술 마시는 사람들이 부러울 정도였다. 그렇게 치열한 20대를 보내고 나면 나아질 거라 생각했다. 그런데, 30대 중반을 향할 때도 가난을 벗어날 수가 없었다.

헬조선에서 경단녀가 일할 곳은 마땅치 않았다. 구인 광고를 보고 여기저기 면접을 보러 다녔다. 번번이 퇴짜를 맞았다. 어린아이가 있다는 것이 무슨 큰 죄인 걸까. 육아를 도맡아 하면서 일할 곳은 없었다. 구직 사이트를 보다가 시간과 페이가 너무 좋아서 단번에 달려갔다. 아이가 어린이집 간 시간만큼만 일하고 급여도 많았다. 여러 번 퇴짜 당한 내 상황에서는 최고의 직장이라는 생각이 들었다. 내 유일한 목표는 빠른 빚 청산과 엄마 병원비 마련이었다. 나와 내 가족을 돕는 유일한 방법이기 때문이었다. 그래서 하루라도 빨리 일을 시작하고 싶었다. 그리고 나도 조금 안정되고 여유롭게 살고 싶었다.

손해보험회사는 생명보험회사보다 급여가 적은 편이다. 처음부터 알았더라면 생명보험회사를 들어갔을 텐데. 그래도 보험 까막눈 영린이가 매달 500만 원의 급여를 받았으니 정말 열심히 달렸다.

영업 초반에는 주먹구구식으로 영업을 했다. 상품도 제대로 모르는 영린이가 하는 말에 청약해줬던 고객님들께 여전히 감사하다. 갑자기 지점장이 나를 회의실로 불렀다. 우리 지점장은 정석 영업을 추구하고 화재보험에 포커스를 맞추고 있는 분이었다.

"김 팀장, 화재보험은 해볼 생각 없어요?"

"화재보험은 아무 것도 몰라요. 저는 지금 종합보험 알아가기도 바빠요."

"김 팀장이 돈 많이 벌고 싶으면 화재보험으로 콘셉트를 바꿔봐요. 그게 돈도 되고 고객들도 덜 힘들게 하니까 한번 생각해봐요."

나는 돈이 된다는 말에 종합보험을 제쳐두고 화재보험을 시작했다. 여기저기 주유소를 찾아 다니며 명함도 드리고 우편도 발송했다. 일부러 주유소도 두어 곳 정해놓고 다니면서 사장님과 안면을 트기도 했다. 화재보험으로 콘셉트를 바꾸고 3주 정도 지났을 때 안면을 텄던 한군데 주유소 사장님께 청약에 성공했다. 그리고 다음 달에 받은 월급이 630만 원이었다. 보험은 종합보험만 있는 줄 알았던 영린이가 한 단계 성장하는 계기가 되었다.

영업을 시작하고 가장 좋았던 것은 돈 걱정이 줄어든 것이다. 내가 빚을 갚아나가고 엄마 병원비를 부담할 수 있어 행복했다. 그런 나를 자랑스러워해주는 부모님을 보는 게 좋았다. 내 아이도 오롯이 내가 케어할 수 있어 감사했다. 또한 내가 새로운 것을 배우고 발전할 수 있는 사람이라는 것이 마냥 좋았다. 늘 나는 부족한 사람이라고 생각했었다. 부족한 나의 이야기에 공감도 해주시고 다독여주시는 좋은 고객님들도 만났다. 같이 웃어주고 울어주고 화내주는 내 동료들도 생겼다. 내가 즐거우니 내 주변이 밝아졌음을 깨달았다. 만약에 내가 영업을 하지 않았다면 나는 어땠을까. 아마도 지금까지 돈 때문에 전전긍긍하며 지하 20층을 파고 있지 않을까.

내가 영업 2년 차가 되었을 때 지점장이 나를 불렀다. 새로 온 신입 설계사가 있는데 김 팀장이 잘 가르쳐주라고 했다.

'아, 나 낯가리는데. 뭘 가르쳐줄 게 있나. 내가 모르는 거 물어보면 어떡하지? 바쁘다고 하고 나갈까?'

오만 생각을 다 했다. 신입 설계사는 나보다 나이가 두 살 어린 친구였다. 설계 화면 보는 것부터 버벅거리는 신입을 보고 나의 첫날이 생각났다.

'나도 저런 때가 있었지. 신입 맘은 신입만 알지.'

그 뒤로 나는 내가 가지고 있는 지식을 모두 풀어줬다.

나를 지도해줬던 지점장님에게 늘 감사한다. 정직하게 영업하는 방법을 알려주셨고 돈을 버는 방법을 알려주셨다. 그렇게 신입 한 명을 가르쳐보니 나는 자신감이 생겼다. 내가 일하면서 공부하고 체감했던 것들을 알려주고 싶었다. 그런 분에게 배웠기에 나도 누군가를 잘 가르쳐줄 수 있을 것이라는 생각을 했다.

02

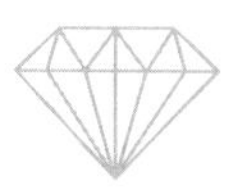

운명처럼 영업의 길로 들어서다

내가 20대 후반부터 사람들에게 늘 들어오던 이야기가 있다. “넌 영업하면 참 잘할 것 같아.” 왜냐고 물어보면 대부분의 대답은 “너는 세 보이잖아. 그리고 돌아다니는 것도 좋아하고 말도 잘하고 또 고객이 무슨 말을 해도 별로 상처받지 않을 테니까.”였다.

영업사원 입장에서 나는 굉장히 까칠하고 예민한 스타일의 고객이다. 똑똑한 척 따져 묻고 비교하는 척 하지만 아무 것도 모르는 스타일이라고나 할까? 또한 주변에서도 수많은 사람들에게 영업사원이 얼마나 나쁜 사람들인지 주워들었다. 영업사원의 아쉬운 소리에 보험 가입을 해주면 대부분 잠수를 탄다. 지인이라 가입해줬더니 본인 수수료 챙길 목적으로 내게 필요 없는 상품을 소개한다. 그래서 나는 영업을 극도로 혐오하는 사람 중의 하나였다.

영업은 더럽고 치사하고 아니꼬워도 참아야 한다는 생각이 엄청 강했다. 또 나 같은 성향의 고객을 만나 거리낌 없이 상담할 자신이 없었다. 그래서 굶어 죽어도 영업은 안 할 거라는 생각이 밑바닥부터 깔려 있었다. 그런데 신기하게도 러브콜을 받는 곳은 영업직이었다. 하지만 나는 매번 거절했다. 나는 생각보다 낯가림도 심했고 누군가를 설득하는 일은 내 취향도 아니었다. 게다가 남한테 아쉬운 소리 하는 것은 죽기보다 싫어하는 자존심만 센 성향이었다.

늘 그렇지만 내 맘대로 되는 일이 어디 있을까. 나는 거의 죽기 직전에 나의 삶을, 나의 가족을 되살리기 위해 영업에 뛰어들었다. 나의 아이를 보다 여유 있는 환경에서 키우기 위해서 또 부모님이 내게 해주었던 것처럼 해주기 위해서였다. 그러나 영업의 현실은 녹록하지 않았다. 마주하는 고객들로부터 거절의 거절을 당했다. 내가 살아남기 위해 어쩔 수 없이 영업을 선택했지만 과연 영업을 잘 해낼 수 있을까 고민도 많았다. 돈만 벌면 절대 영업은 안 할 거라 굳게 다짐했다.

그러던 어느 날, 보험회사에 입사한 후 네 번째로 계약했던 고객에게 연락이 왔다. 계약 당시 너무 설명을 잘해줘서 고마웠다며 부탁할 일이 있어서 연락했다고 말했다.

“설계사님, 잘 지내시죠? 저희 엄마가 현금을 좀 갖고 계신데 그 현금으로 이자를 좀 만들고 싶다고 하셔서요. 주변에 금융 쪽 잘 아는 사람도 없고…. 설계사님은 보험 전문가시니까 이런 쪽을 잘 아실 것 같아서요. 엄마 연락처 알려 드릴테니 잘 좀 부탁드려요.”

고객의 어머님이 1억을 현금으로 가지고 계신데 금융 상품으로 이자를 만들고 싶다고 했다. 나는 보험에 대한 정보는 가지고 있지만 금융에 대한 지식은 전혀 없었다. 나를 믿고 전화해주신 고객인데 나에게는 어떻게 도와줄 수 있는 방법이 없었다.

그때까지 나는 오로지 손해보험 상품에만 집중해 있었다. 현금을 가지고 보험으로 이자를 만든다는 생각은 꿈에도 하지 못했다. 이리저리 수소문한 끝에 생명보험사에는 고객에게 딱 맞는 좋은 상품들이 많다는 것을 알게 되었다. 내 고객에게 최선을 다해주고 싶었지만 생명보험 상품을 판매할 수 있는 자격이 되지 않았다. 그래서 몇몇 생명보험회사 설계사들을 만나러 다녔고 제일 마음이 가는 설계사에게 그 고객을 소개해줬다. 내 고객을 남한테 주는 심정이란 말로는 설명할 방법조차 없을 만큼 안타까웠다. 다시는 이런 상황이 발생하지 않게 하겠다는 마음으로 생명보험사 시험을 준비하며 이직을 결정했다.

내가 이직을 마음먹은 순간 운명처럼 계속 더 나은 길이 보였다. 내가 할 수 있는 영업의 영역이 이렇게나 넓고 나는 아직 배울 것이 많음을 알게 되었다. 나는 이 넓디넓은 영업이라는 필드에서 성공하고 싶었다. 그러려면 정말 열심히 배워야 했기에 이직한 회사에서 행해지는 모든 교육을 빠짐없이 듣고자 노력했다. 선배 영업인의 미팅도 동행해서 열심히 받아 적어가며 기억하려고 했다. 완벽하게 법인 영업을 이해할 수는 없었을 무렵 미팅의 기회가 생겼다. 그때 회사의 대표님부터 선배 영업인들까지 주변에서 엄청난 도움을 많이 주셨다. 덕분에 나는 처음으로 월 300만 원의 고액 계약에 성공할 수 있었다.

아마 영업을 시작하는 모든 사람들이 나 같은 마음을 가지고 시작하리라 생각한다. 어느 누가 영업이 좋아서 시작할 수 있을까. 특히나 간이고 쓸개고 다 빼줘야 한다는 인식이 강한 대한민국에서의 영업직을 말이다. 그렇다고 영업이라는 자체를 내가 했던 것처럼 강하게 부정할 필요는 없다. 세상에 어떤 직업을 선택하더라도 운명적인 일이 될 수는 없는 법이다. 영업이라고 해서 무작정 비판하고 부정하는 대신 있는 그대로 쿨하게 인정하고 받아들이면 된다. 한 단계 한 단계 받아들이며 성장하면 그것이 운명의 길이 되는 것이라 생각한다.

현재 스타트업 기업의 CEO 영업의 달인 '완판' 이 선생에 대해 들은 적이 있다. 군대를 제대하고 23살의 나이에 영업을 시작했다고 한다. 당시

흙수저였던 '완판' 이 선생은 배움보다는 기술을 배워 돈을 벌고 싶은 마음이 있었다. 영업이라고는 아무것도 모른 채로 시작했기에 밤낮없이 뛰어 다니며 일을 했다고 한다. 그가 영업을 시작하고 1년 넘게 맨땅에 헤딩한 끝에 100여만 원의 첫 계약을 했다. 영업 초짜로서 피나는 노력 끝에 첫 계약을 한 그 순간 영업이 운명처럼 느껴졌다고 한다. 그래서 16년이 지난 지금까지도 영업의 전선에서 진두지휘하는 영업 CEO가 되어 있다. 그렇기에 그는 항상 영업은 자신의 운명이라고 말한다.

'완판' 이 선생 자신도 영업이 자신의 삶의 전부가 되리라고는 생각하지 않았을 것이다. 나 또한 영업이 내 운명이라고 생각하고 일을 시작한 것은 아니었으니까. 오로지 돈을 벌기 위한 하나의 수단에 불과했던 영업이었다. 하지만 영업에서 돈을 벌기 위해서는 실적이 좋아야 그 성과에 따른 보상이 주어진다. 열심히만 하면 월급을 주는 월급쟁이와는 다른 삶이다. 영업은 어떤 사람이 시작하든 운명적인 직업이 될 수밖에 없다. 보상 성과에 중독되면 헤어나올 수 없는 마력이 있기 때문이다.

'완판' 이선생도 영업의 '영' 자도 모르고 시작한 영업으로 16년을 지내왔다면 성과의 중독을 맛본 영업이 운명적인 직업이 되었을 것으로 생각한다. 이 책을 읽고 있는 당신이 조금이라도 영업을 해보고 싶다는 마음이 생긴다면 나는 무조건 도전해보라고 말하고 싶다.

영업을 시작하고 나에게 생긴 가장 큰 변화는 멘탈이 강해진 것이다.

예전의 나는 쉽게 상처받고 무너지는 유리 멘탈을 가진 사람이었다. 상대방의 말 한마디에도 상처를 받고 행동 하나하나에 의미를 부여하는 사람 말이다. 상처받는 것이 두려워 내가 먼저 굽히고 들어가고 뭐든지 맞춰주려는 좋은 사람 코스프레를 했다. 그런 마인드는 고객에게도 느껴진 것 같았다. 내가 상담하는 고객들은 전부 나에게 많은 요구사항을 들이밀었다. 내가 너무 힘들어하자 우리 매니저가 말했다.

"유나 팀장, 그거 알아? 고객의 성향은 설계사 본인이 만드는 거야. 고객에게 맞춰주고 이해해줘도 고객들은 절대 알아주지 않아. 내가 보기에 유나 팀장은 착한 사람 콤플렉스에 사로잡혀서 본인 스스로를 힘들게 만드는 것 같아. 쉽게 변하지는 않겠지만 불호를 확실하게 말하도록 연습하는 것이 좋을 것 같아. 불호를 말했다고 해서 맘에 들지 않는다며 떠나는 사람이라면 더 이상 붙잡을 가치가 없는 거야. 힘들게 애태우면서 일하면 죽도록 하기 싫은 일이 영업이야. 영업 오래 하고 싶으면 내 말대로 해봐."

나는 머리를 한 대 얻어맞은 기분이었다. 지금까지 살면서 '좋은 게 좋은 거야.'라고 생각하며 살았다. 늘 나는 부족하고 모자란 사람이라 내가 잘하고 이해하면 사람들도 나의 마음을 알아주고 감사해할 거라고 생각했었다. 그것이 나의 자존감을 갉아먹고 나를 낮추는 일이라는 것을 그

제서야 알았다. 스스로 바뀌려는 노력 없이 부족한 나 자신을 낮출수록 나의 멘탈은 더 유리 조각처럼 약해진다는 것을. 그래서 나는 매니저의 조언을 따라 조금 과감해지기로 결심했다. 내가 할 수 없는 일과 할 수 있는 일을 정확하게 말하니 업무도 한결 수월해졌다. 더 이상 부당한 요구에 마음 졸여 하지 않아도 되었다. 내가 할 수 없는 것에 대해 어떤 말로 나를 비난해도 상처받지 않을 수 있었다.

처음에는 그저 돈을 많이 벌 수 있을 거라는 기대로 무작정 영업이라는 세상으로 들어왔다. 나는 성공이 가장 간절했고 내가 일을 할 기회를 준 것도 영업이었다. 매일 출근해서 사무실에 들어서면 항상 여기가 내가 있을 자리라는 생각이 든다. 따로 비용을 내지 않아도 인생을 살아가는 데 도움을 주는 교육을 받게 해준다.

또한 내가 잘할 수 있는 분야에 대해서도 조언해준다. 삼삼오오 모여서 신세 한탄이나 하며 남 잘되는 꼴을 못 보는 팀원들이 없다. 활기차고 자유로운 분위기에 항상 파이팅이 넘치는 곳이다. 서로 좋은 정보와 동기 부여를 주고받으며 긍정의 의식으로 가득 찬 사람들이 모여 있기 때문이다. 처음부터 운명적인 직업은 없다. 다만 내가 만들어갈 뿐.

『배움을 돈으로 바꾸는 기술』의 저자 이노우에 히로유키는 말했다.

"자신이 맡은 직무의 세계가 얼마나 큰 깊이를 가졌는지 알면 계속 그 길을 탐색해보고 싶어집니다. 일단 시작해보십시오. 미지의 영역에 발 들여놓으면 상상하기 어려울 만큼 굉장한 흡인력에 이끌려 그 분야의 공부에 빠져들게 될 테니까요. 지금 하고 있는 일을 당신의 천직으로 만드는 것, 그 또한 배움의 효과입니다."

03

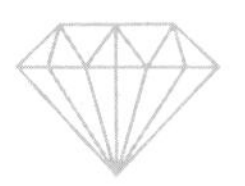

영업은 누구에게나 기회이다

'헬조선'에서 스펙, 학력, 혈연, 지연이 없으면 기회라는 게 있을까? 물론 자수성가하는 멋진 사람들도 많다. 요즘 우스갯소리로 "대한민국 개천에서는 용 안 나." 이런 말들을 한다. 그게 어떤 의미일까? 우리나라는 전 세계적으로도 고학력자들이 많은 나라다. 일단 스펙이 없으면 가뜩이나 많지도 않은 기회의 확률은 더 줄어든다.

나는 30대 중반의 육아를 하는 경단녀였다. 돈을 벌어야 해서 수없이 많은 구직 사이트를 드나들었다. 운 좋게 대기업 자회사에 3차 면접까지 통과하고 입사했다. 출근 첫날, 본부장이라는 사람이 신입들을 회의실로 불렀다. 신입들을 쭉 살펴보던 본부장이 나를 향해 말했다.

“김유나 씨, 이력서 보니까 나이가 많더라구요?”

“아, 네. 연륜이 있으니 열심히 하겠습니다.”

“다른 신입들 보이죠? 다들 20대 중후반인데 무슨 생각 들어요? 저보다 나이가 많으셔서 일 시키기는 불편하겠네요. 회사에서 왜 이렇게 나이 많은 사람을 뽑았지? 얼마나 버틸지 모르지만 지켜볼 테니 잘해보세요.”

이것은 무슨 소리일까. 다른 젊은 친구들과 똑같이 3차 면접까지 패스하고 입사했는데. ‘나이가, 경단녀가, 육아하는 엄마가 왜 뭐가 문제야! 네 일은 네가 해야지, 그걸 시킬 생각부터 하냐 이놈아!’ 이런 생각이 든 나에게는 출근 첫날이 마지막 날이었다. 그리고 다시 부리나케 구직 사이트를 찾았고 영업을 시작하게 됐다.

내가 처음 입사한 손해보험회사에는 정말 다양한 사람들이 있었다. 60대 중반의 아주머니는 아이들 다 키워놓고 이제 한숨 돌리나 했는데 남편이 사업에 실패해서 생활비 벌려고 오셨다고 했다. 50대 한 집안의 가장이신 아저씨는 장사하다 쫄딱 망해서 오셨다고 했다. 20대의 젊은 친구는 스펙도 없고 가진 것도 없어 돈 모으려고 왔다고 했다. 어느 회사에서 이렇게 다양한 연령층과 인간관계를 맺을 수 있을까. 모두들 여러 가지 이유로 영업을 시작하게 된다. 우리의 공통점은 딱 하나, 우리를 조건 없이 유일하게 받아주는 곳을 찾아왔다는 것이다.

보험 영업은 바닥까지 치고 온 사람들이 가는 곳이라고 말하는 바보 같은 사람들도 많다. 그렇게 남 얘기하기 좋아하는 사람들은 실제 이 일을 해보고 말하는 것일까? 그들의 말대로라면 더더욱 좋은 직업이 아닌가. 바닥까지 친 상황에서 유일하게 돈을 벌 수 있는 기회를 주는 직업이기 때문이다. 그렇기에 그런 사람들은 간절하게 열심히 일한다.

보험 영업은 입사의 문턱이 낮아서 여기저기 기웃거리다가 '입사 한번 해볼까?' 하고 한번 들러보는 뜨내기들도 많다. 그런 사람들이 노력과 담 쌓고 돈 벌려고 여기저기 지인들에게 피해만 주고 사라진다. 기회를 얻어 신나게 일하는 남아 있는 영업자에게 가시밭길을 걷게 만든다. 영업뿐 아니라 어떤 직업이든 적당히 할 거라면 적당히 백수로 사는 것이 남에게 피해 안 주고 좋은 것이다.

영업은 기회의 땅이다. 보험 영업은 이제 레드오션이라고 하지만 여전히 신입 설계사들이 교육을 받고 입사를 한다. 요즘처럼 코로나로 경기 침체인 상황에서도 보험 설계사는 꾸준히 늘어나고 있다. 특히, 보험 영업자들이 증가하는 시기는 경제가 어려울 때와 겹친다고 한다. 영업이라는 직종이 가장 많은 성공의 기회를 제공한다는 것을 잘 알기 때문일 것이다.

나는 보험회사에 돈만 많이 벌자는 각오로 입사했다. 이론도 잘 모르고 화법도 잘 모르는 영린이가 돈을 많이 벌려면 어떻게 해야 할까? 수없이 고민했다. 그러려면 나만의 좋은 무기가 있어야겠다고 생각했다. 모든 걸 다 해내려 하면 지쳐 포기하게 된다. 무기를 찾으려 나의 장점 한 가지와 단점 한 가지를 찾았다. 나는 검색 신공이라는 장점과 전화 기피증이라는 단점이 있었다. 이론을 잘 모르니 고객의 문의에 답변을 하려면 시간이 필요했다. 그래서 바로바로 답변해야 하는 통화나 대면 상담을 자제했다. 나의 장점인 검색 신공으로 포털 사이트로 들어가 보험 관련 질문을 하는 고객들을 찾아냈다.

고객이 질문한 내용을 보고 종이에 답변을 써 내려갔다. 그리고 지점장에게 맞는 답변인지 확인하고 댓글을 달아주거나 쪽지를 보냈다. 다른 영업자가 발품을 팔 때 나는 클릭질과 타자라는 손품을 많이 팔았다. 업무시간에 통화하기 힘든 직장인이나 육아를 하는 엄마들에게 매우 효과적인 상담이었다. 내가 두려워하는 전화를 하지 않아도 되고 검색을 하여 내가 좋아하는 범위 안에서 고객과 만날 수 있었기 때문이다.

우리는 어릴 적부터 세상은 공평하고 모든 사람은 동등하다고 배웠다. 하지만 누군가는 기회가 주어지고 누군가는 기회가 박탈되는 세상에 살고 있다. 마이크로소프트사의 빌 게이츠가 말했다.

"인생이란 결코 공평하지 않다."

나는 이 말에 격하게 공감한다. 내가 육아를 하고 경단녀가 되면서 여러 기회가 박탈됨을 뼈저리게 느꼈기 때문이다. 뭐든지 잘할 수 있는 사람인데 기회도 줘보지 않고 사회적 기준의 잣대로 평가한다. 유일하게 나의 환경과 이력을 받아들여 준 곳이 영업 세계이다. 영업은 모든 사람들에게 동등하게 기회를 준다.

내가 손해보험회사에 다니고 있을 때 가장 친한 동생을 만난 적이 있다. 회사에서 늘 야근을 하면서도 늘 긍정적이고 밝고 쾌활한 동생이었다. 그런데 동생의 아버지가 보증을 잘 못 서게 되어 길거리에 나앉게 됐다고 했다. 현재 월급으로는 답이 없어 다른 일을 찾고 있다고 했다. 워낙 성실한 친구인데다 사연이 안타까워 나와 함께 일하기를 제안했다.

동생은 물불 가릴 처지가 아니라며 흔쾌히 수락했고 영업을 시작했다. 우리 지점에서는 그 친구의 딱한 사정을 알고 물심양면으로 기회를 제공했다. 동생은 작은 집이라도 구하기 위해서 정말 열심히 하라는 대로 영업을 했다. 그렇게 1년이 지나고 그 친구는 작지만 아버지와 살 수 있는 집을 마련하고 내게 말했다.

"언니, 덕분에 아빠한테 효녀 소리 들었어. 언니가 영업한다고 했을 때 엄청 걱정했는데 내가 해보니까 영업만큼 돈 벌고 나를 믿어주는 일이 없는 것 같아."

평생 직장인으로 살던 동생이 영업이라는 기회를 믿고 본인의 목표를 위해서 딱 일 년을 달렸다. 그리고 그 목표를 이룬 성취감에 흠뻑 젖어 있었다.

현재 우리나라는 실업률이 지속해서 증가하고 있다. 그중 20대 청년들의 실업률이 나날이 증가하고 있다. 그 이유 중의 하나가 대기업 입사가 취업 성공이라는 공식을 가지고 있기 때문이다. 내가 평소 친하게 지내는 언니는 20대의 장성한 두 아들이 있다. 두 아들 모두 취업준비생이다. 그래서 내가 언니에게 물어본 적이 있다.

"언니, 애들은 어떤 일을 하고 싶대? 아직 취업 안 됐으면 나이도 젊고 경험삼아 영업일도 생각해보는 것도 좋지 않아? 맨날 언니는 다 큰 애들 뒷바라지 하느라 일만 하고 힘들잖아."

그러자 언니가 대답했다.

"하고 싶은 건 없대. 그냥 대학 졸업했으니까 대기업 취업 준비시키는 거지. 그리고 내 새끼 영업사원 시킬 바에는 차라리 공부를 더 시킬래. 영업하면 맨날 술 마시고 스트레스 받고 몸 망가지고 굽신거리고 돈도 못 벌고 그런 꼴은 못 봐."

아이러니하게도 나와 언니는 영업사원과 고객으로 만나 친해졌다. 영업이라는 이미지가 특히나 어른들에게는 좋지 않은 것도 사실이다.

영업이라는 직업이 막막하고 막연한 일인 것은 맞다. 특히나 보험 영업은 보이지 않는 상품의 가치를 알려주고 판매해야 하기 때문이다. 게다가 매일 누군가를 만나야 하는데 그럴 만한 인맥이 많지도 않다. 실적이 없으면 월급도 없는 것이 영업직이다.

그러나 생각을 살짝 바꾸면 우리는 모두가 원하는 대기업의 직원이다. 모든 보험회사는 대기업에서 운영하고 있기 때문이다. 영업만큼 살면서 도움 되는 스킬을 교육받게 해주는 회사는 없다. 또 요즘은 디지털 문명의 발달로 고객까지 발굴해주니 사람도 매일 만날 수 있다. 실적이 쌓이면 월급쟁이보다 더 많은 돈을 벌 수 있다.

스트레스 받고 힘든 것은 영업사원이나 직장인이나 마찬가지다. 진업주부도 스트레스 받고 힘들다. 세상에 힘들지 않은 일이 어디 있을까. 직장인은 야근을 밥 먹듯이 하며 일을 하든 농땡이를 피우든 늘 같은 성과를 받는다. 하지만 영업은 조금만 노력하면 이루어낸 성과만큼 충분한 보상이 지급된다.

기회는 분명히 사람을 노력하고 발전하게 만든다. 그 기회를 잡은 사람은 목표를 만들고 끊임없이 노력하고 달려간다. 기회는 늘 준비되어 있는 자들의 것이라고 한다. 그러나 세상에 어떤 사람도 항상 만반의 준비를 하고 기회를 잡을 수는 없다. 기회를 놓쳤다고 해서 좌절할 필요는 없다. 누구에게나 가장 많은 기회를 주는 영업이라는 세계가 있기 때문이다.

04

모든 것이 영업이 아닌 것이 없다

나는 법인 영업을 시작하면서 회사의 지원으로 골프를 배우게 됐다. 업체 대표들과 관계 형성을 하기 가장 쉽고 편한 방법이 골프라고 넌지시 압박을 주기도 했지만. 혼자 배우다 너무 지루했던 나는 골프 동호회에 가입을 했다. 나는 어떠한 자리에서도 내가 영업을 하고 있다는 사실을 먼저 이야기하지 않는다. 나의 직업이 창피해서가 아니다. 영업 초반에 내가 영업을 하고 있나고 하면 사람들이 굉장히 부담스러워 했다. 내가 그들에게 영업을 할 의사가 없음에도 나를 불편해함을 느꼈다. 그 후로 나는 굳이 내가 영업인이라고 말하지 않는다.

골프 동호회에서 친해지게 된 지인들과 술자리를 가진 적이 있었다.

그들과 친해진 유일한 연결고리는 골프라는 공통점만 있었다. 이런저런 이슈로 이야기를 이어가던 중 한 지인이 말했다.

"우리 회사 스폰서가 필요한데, 그런 거 알아보기도 참 힘들다. 그런 건 어떻게 알아봐야 되나?"

"야, 너 스폰서 필요하냐? 나 동문회 선배님이 회사를 운영하는데 안 그래도 회사 광고를 어떻게 할까 고민하고 있더라고. 그 선배 나랑 엄청 친하니까 스폰서 할 수 있게 얘기 잘해줄게."

"이야, 진짜 고맙다. 스폰서 때문에 엄청 머리 아팠는데 한시름 놓게 됐다."

"그래, 고마우면 한 턱 거하게 쏴라."

이 대화를 듣다가 나는 문득 모든 사람은 인간관계에서도 영업이 관여되어 있다는 생각이 들었다. 영업이란 영리를 목적으로 하는 사업이나 그런 행위이다. 여기서 '영리'란 행위 이후에 남긴 이득이라 표현할 수 있다. 사람들은 누구나 자신에게 이득이 되는 사람을 좋아한다. 내가 눈을 뜨는 순간부터 눈을 감을 때까지 모든 만남이 인맥으로 맺어진다. 태어나서부터 죽을 때까지의 모든 인생은 영업의 연속인 것이다.

직장 생활을 하든 영업을 하든 만남으로 시작해서 만남으로 끝나는 인간관계 속에서 살고 있다. 친구나 연인의 관계에서도 그것이 꼭 돈이 아니라고 할지라도 진한 우정을 만들었다면 이득이라 할 수 있다. 평생의 친구로 남을 수 있다는 감정적인 이득을 얻었으니 그는 성공한 인생 영업이지 않을까.

2019년에 나는 법인 영업으로 꽤나 큰 금액의 계약을 성사시킨 적이 있다. 그 계약 하나만으로 몇 달은 놀아도 될 만한 거액의 계약이었다. 다음 달의 급여도 두둑했고 밥을 안 먹어도 배가 고프지 않을 정도로 기분이 좋았다. 나를 믿고 계약을 진행해준 업체 대표에게도 감사했다. 그런 즐거운 시간을 보내며 1년쯤 지났을 때 업체 대표에게 전화가 왔다. 사정이 너무 힘들어져서 더 이상 보험 유지가 힘들 것 같다고 말이다. 이게 웬 날벼락이란 말인가. 나는 머리카락 휘날리며 업체 대표에게 직접 찾아갔다. 그 업체의 직원이 대표를 노동청에 신고 했고 업체는 두 달간의 영업 정지와 벌금형을 받았다고 했다. 나와 대표간의 법인 영업 계약서를 들이밀었지만 아무런 소용이 없었다. 업체 대표의 사정은 안타까웠지만 나에게 떨어질 환수와 그동안 내가 관리해줬던 모든 것들이 물거품이 되었다. 3,000만 원 가까이 되는 환수에 법인 영업에 대한 회의를 느낀 적이 처음이었다. 나는 아무것도 할 수 없고 아무 생각도 나지 않았다. 해결 방법이 없던 나는 회사 앞에 편의점에서 혼자 소주만 들이부었다. 때마침 지나가던 우리 회사 대표가 나를 보고는 내 앞에 앉았다.

"김유나 실장, 많이 힘들고 답답하지? 영업일 하다 보면 생길 수도 있는 일이야. 나는 환수 1억도 맞아봤어. 맘은 아프겠지만 그래도 얼른 정신차리고 다른 계약 성공해서 메꾸자고, 응?"

"그 대표는 애초에 크게 계약이나 하지 말지. 자기만 믿으라고 호언장담하더니 이제 와서 '나는 모르겠소' 하고 있으니 이걸 어쩌라는 거예요, 저만 옴팡 뒤집어썼잖아요."

"김 실장도 영업을 하는 사람이니까 잘 알겠지만 그 대표가 일부러 김 실장 물먹으라고 그렇게 했겠어? 영업이 뭐라고 생각해? 이득을 추구하는 것들이 전부 영업이잖아. 그런데 그 대표는 직원 한 명으로 인해서 본인 이득은커녕 일도 못 하게 됐어. 그 직원은 본인의 이득을 위해서 회사를 팔아 돈을 뜯어냈고 김 실장은 환수를 당했고. 여기서 누가 제일 영업을 잘한 사람일까?"

"대표님, 지금 이 상황에 그걸 질문이라고 하세요?"

나는 욱하며 받아쳤다.

"영업이라는 틀만 가지고 본다면 그 직원이 베스트 영업사원이지. 두 사람에게 피해는 줬지만 가장 많은 이득을 얻은 사람이 직원이잖아. 하지만 우리는 남한테 피해를 주면서 영업하는 것이 정도에 어긋나기 때문에 안 하는 거지. 그리고 세상을 살아가면서 영업이 아닌 건 없어. 직장인이 됐다고 영업을 안 할까? 직장인은 월급을 받기 위해서 자기가 갖고 있는 능력을 팔아서 월급이라는 이윤을 남기지만 직장에서도 잘못하면 시말서도 쓰고 감봉 처분 당하고 하잖아. 직장인도 영업인이지. 아무튼 김 실장도 너무 좋지 않은 기분에 빠져 있지 말고 이번 사건이 김 실장한테 영업으로 한 발 더 성장하는 기회가 됐다고 생각해. 그리고 덜 손해 보는 것도 영업이니까 얼른 정신 바짝 차리고 해결 방법이나 같이 찾아보자고. 내가 좋은 변호사 소개해 줄테니."

그 후로 나는 우리 회사 대표님의 도움으로 능력 있는 변호사를 소개받았다. 그리고 내가 최대한 덜 손해 보고 환수를 마무리했다.

그렇다. 비록 영업 세계에서 나에게 상처를 크게 준 고객이지만 덕분에 성장할 수 있는 깨달음을 얻었다. 실패도 영업이고 성공도 영업이다. 세상에 영업이 아닌 것은 없다. 주부가 장을 보러 시장에 가서 가격 흥정을 하는 것도 영업이다. 부부 사이에 소득을 창출하는 남편도 그에 방해받지 않게 집안 살림을 해주는 아내도 영업의 관계다. 또한 아이가 엄마에게 장난감을 사달라고 조르는 일도 영업이다. 서로 비등한 관계에서 이윤을 추구할 목적을 가지고 약간의 싸움과 적당한 양보가 필요한 것일 뿐이다.

사람들이 나이를 먹고 살아가면서 제일 많이 하는 이야기가 무엇일까?

'내가 학창 시절에 이렇게 공부했으면 의사가 되든 변호사가 되든 인생이 달라졌을 거야.' 혹은 '옛날에 이만큼 했으면 배우자가 달라졌을 거야.'라는 말이 아닐까? 기혼인 친구들과 수다를 떨 때 가장 많이 듣는 이야기이다. '많이 배우고 똑똑한 고소득 전문직은 영업 같은 것 안 하고도 잘 먹고 잘살 거야.'라는 환상을 단박에 무너뜨린 성형외과 원장님이 계시다. 간혹 정부에서 지원금이나 절세에 대한 특별한 이슈가 나오면 법인이 아니라도 대형 병원과도 미팅을 할 기회가 있다.

나는 꼭 손보고 싶었던 얼굴 부위가 있어, 때는 이때다 싶어 내가 꼭 미팅을 나가겠다고 자원을 했다. 그리고 만나게 된 성형외과 원장님과 절세와 지원금에 대한 미팅을 끝내고 내가 손보고 싶었던 부위에 대한 상담을 했다. 내가 생각했던 비용보다 살짝 높은 비용에 살짝 고민했다. 그러자 원장님이 말씀하셨다.

"김 실장님, 이 금액이 고민할 정도의 금액은 아니에요. 나는 남는 게 없어. 김 실장님이니까 이렇게 해주는 거야. 나도 병원 운영하려면 내 성형 기술 연구하고 홍보해서 돈을 벌어야 하거든. 이게 영업이지 다른 게 영업인가. 요즘은 전문직도 영업력 없으면 먹고살기 힘들어요, 김 실장님이 더 알잖아요?"

훅 들어온 원장님 질문에 잠시 당황했었다. 원장님 말씀에 의하면 공부 잘하고 똑똑해서 의사, 변호사만 되면 개천에서 용 나던 시절이 있었다. 그러나 지금은 의사, 변호사 그리고 고소득 전문직이 넘쳐나는 마당에 그 안에서 살아남으려면 영업력이라도 있어야 본전이라도 뽑을 수 있다는 것이다. 최소 몇억에서 몇십 억까지 들여 개원하고도 폐원하는 병원들이 부지기수라고 원장님이 말씀해주셨다. 하루 종일 공장의 기계처럼 수술방에 있는 것도 모자라 직원 관리에 영업까지 해야 한다고 했다.

그냥 나도 모르게 안도감이 들었다. 전문직이든 아니든 창업을 하려면 최소 억대의 자본금이 필요하다. 그 돈을 들이고도 망해서 빚더미에 앉는 사람들이 많다. 그러나 영업이라는 직업의 장점은 학력이나 화려한 스펙이 없어도 일을 할 수 있다. 큰 자본금도 필요 없고 열정과 의지만 있다면 조금만 노력해도 그 이상의 돈을 벌 수 있다. 게다가 상사의 눈치 보며 일하지 않아도 되고 자유시간도 마음껏 사용할 수 있지 않은가.

특별한 스펙도 없고 경단녀인 내가 일을 하고 돈을 벌 수 있었던 것은 바로 '영업'이라서 가능했던 것이다. 흔히들 영업이라고 하면 물건을 팔러 다니는 사람이라고만 생각한다. 하지만 나는 인생을 살면서 이루어지는 모든 행위가 영업이라고 생각한다. 영업은 상대방에게 자기를 잘 어필하고 돋보이게 할 줄 아는 사람이 하는 일이다. 자기를 얻고 싶게 만드는 것이 영업인 것이다. 사람이 할 수 있는 모든 영역을 아우르는 것이 영업이라고 생각한다. 모든 관계를 맺으며 커뮤니케이션, 영업 스킬, 성과, 감정 등 모든 것이 함축되어 있기 때문이다. 그래서 영업인은 조물주가 만든 최고의 작품이라고 말하는 이유이다.

05

영업을 배우면 밥은 굶지 않는다

내가 처음 영업을 시작할 때 나는 5억 원 가량의 빚이 있었다. 아버지 사업이 부도난 후로 남겨진 빚과 엄마의 병원비, 생활비 등등. 빚을 아무리 갚아도 원금은커녕 이자 내기도 부담스러운 지경에 이르렀다. 쌓이고 쌓이던 빚에 허덕이다 수백 번이나 자살도 생각했다. 자살 기도까지도 해봤다. 그러나 오롯이 나를 바라보는 부모님을 놔두고 생을 마감한다는 것이 마음에 걸렸고 무서웠다. 잘 나가던 20대 초반에 미국 대학교 유학생 신분이었던 나는 늘 당당했다. 항상 밝은 에너지를 뿜어내는 반짝반짝 빛나는 여성이었다. 그러나 그렇게 사랑스러운 모습들은 모두 사라져 버렸다.

그저 내가 바라던 것은 좋은 엄마, 좋은 아내로 큰 소란 없이 평범하게 사는 삶이었다. 그때는 이런 소박한 꿈조차도 내게 사치였다. 그렇게 절박하고 간절한 마음으로 아무에게도 알리지 않은 채 나의 영업 생활은 시작되었다. 그것도 내가 가장 싫어하는 보험 영업사원이 된 것이다. 오전에 아이를 어린이집에 보내고 회사에 출근하며 어떻게 영업을 해야 할지 늘 고민했다. 하기 싫은 일이었지만 누가 등 떠밀어서 간 것도 아니고 먹고살려고 시작한 일이니 죽지 않을 만큼만 해보자고 마음먹었다.

고민만 한다고 누가 내게 와서 상담을 받고 계약을 해주지는 않는다. 인맥도 별로 없던 나는 일단 행동으로 시작해야 했다. 그래서 전단지를 제작하고 회사 프린트기로 매일 1,000장 정도의 전단을 프린트 하여 전봇대에 붙이기 시작했다. 아파트 알림판에 그냥 붙였다가 벌금을 낼 뻔한 적도 있다. 한여름에 정장 입고 구두를 신고 전단을 붙이는 일이 힘들었지만 나름 뿌듯했다. 가만히 앉아서 감 떨어지기만 기다리는 것보다 훨씬 좋았다. 시간이 좀 지나자 상담 요청 전화가 왔다. 떨리는 첫 상담이 계약으로 이루어지지는 않았다. 하지만 그렇게 꾸준히 실천하며 상담 스킬도 익히고 실적이 올라가면서 점점 줄어드는 빚이 보였다.

영업을 시작할 때 나도 한없이 두려웠다. 내가 정말 잘할 수 있을까 하고 고민했다. 지금 이 책을 보고 있는 당신들도 수많은 선택의 기로에 놓여 있고 고민한다. 하지만 고민은 시간만 버릴 뿐 밥을 먹여주지 않는다.

영업을 시작했거나 시작하려고 선택했다면 무조건 도전하라. 처음은 어떤 일이든 힘들고 어렵다. 하지만 영업만큼 솔직하게 보상해주는 직업은 없기 때문이다.

나는 굉장히 낯가림이 심하고 대중 앞에 서면 얼굴이 빨개진다. 처음 만난 사람과 쉽게 친해지지 못하고 싫어도 싫은 내색을 하는 편이 아니었다. 그래서 어렸을 적부터 '숫기가 없다, 참을성이 많다.'라는 말을 굉장히 많이 들었다. 그래서인지 나는 원래 낯가리고 부끄럼 많이 타는 사람이라고 못 박아두고 자신감이 낮은 아이로 성장했다. 내가 단점 중에 가장 고치고 싶은 부분이 그런 자신감 없는 모습이었다. 영업을 처음 시작할 때 지점장에게 이런 단점으로 영업일을 할 수 있을지 걱정스레 묻기도 했다. 얼마 후 '내가 참 쓸데없는 걱정을 했구나.' 하고 생각했다.

영업을 시작한 몇 개월이 지났을 때 아이의 어린이집에서 연락이 왔다. 2학기 학부모 총회가 있으니 일정에 맞게 방문해달라는 것이었다. 흔쾌히 수락하고 어린이집을 갔다. 그런데 갑자기 어린이집 운영위원회 위원장 선출을 한다는 것이다. 나도 모르는 사이에 다른 학부모의 추천으로 나는 위원장 후보가 되어 있었다. 후보자는 앞에 나가서 공약을 이야기하라고 하는 것이 아닌가. 나의 차례가 다가와 나는 약간의 긴장을 가지고 공약을 발표했다.

"안녕하세요, 저는 초롱반 유아린의 엄마 김유나입니다. 솔직히 말씀드리면 제가 후보인지 몰라서 크게 준비한 공약은 없습니다. 그리고 일을 하고 있기 때문에 얼마만큼 위원장의 위치에서 큰 도움을 드릴 수 있을지 모르겠습니다. 그러나 혹시라도 뽑아주신다면 우리 아이들이 어린이집을 다니는 동안 행복하고 좋은 추억만 가질 수 있도록 선생님들과 소통하며 성장하는 어린이집이 될 수 있도록 노력하겠습니다. 감사합니다."

공약을 발표하고 내려오면서 나는 나의 모습에 살짝 놀랐다. 나는 그동안 영업을 하면서 돈만 벌은 것이 아니라 나의 자신감도 키우게 된 것이다. 자신감을 공부하기 위해 수많은 책들을 읽었다. 책이 도움을 주는 부분도 꽤 많이 있었다. 그것보다 내가 영업을 하면서 직접 몸으로 부딪히고 나도 잘하는 일이 있다는 성취감과 높아진 자신감 덕분에 단점을 극복해냈다고 생각한다. 영업을 배우고 어느 상황에서든 어떤 장소에서든 생존할 수 있는 강력한 힘을 갖게 된 것이다.

사람들은 영업을 한다고 하면 '밥은 먹고 살 정도는 벌어?' 혹은 '어우, 나는 남한테 구걸하면서까지 돈을 벌고 싶지는 않아.'라고 말한다. 왜냐하면 대한민국은 여전히 영업이라는 직업을 3D 업종이라는 편견을 갖고 대하기 때문이다. 하지만 대부분의 성공한 사업가는 영업으로 시작한 사람들이다.

넷플릭스 창업자 마크 랜돌프는 대학 시절 전공은 지질학이었지만 광고 관련 일을 하는 것이 꿈이었다고 한다. 랜돌프가 다니던 대학교에서 취업설명회에 광고 대행사가 참여해서 영업직 면접을 볼 수 있는 기회가 생겨 뉴욕까지 날아가 최종 면접을 봤지만 불합격 통보를 받았다. 이에 랜돌프는 면접관에게 자신의 부족한 점과 어떤 부분을 놓쳤는지 알려달라며 내년에도 무조건 이 회사에 다시 지원할 거라는 도전장 같은 장문의 편지를 썼다. 나흘 만에 답장이 왔는데 합격 통지서를 받은 것이 아닌가. 애초에 합격자는 없었는데 유일하게 문의 편지를 받은 사람이 랜돌프뿐이었다고 했다.

광고 회사에서 영업직은 거절을 승낙으로 바꿔야 하는 일이라 응시생 모두를 시험해본 거라고 했다. 낙천적인 사고방식과 끈질긴 근성 그리고 도전 정신이 있는 영업력이 뒤받침되어 넷플릭스 초창기 어려움을 헤쳐나가는 원동력이 된 것이다. 마크 랜돌프의 성공의 발판도 영업이었다. 영업이라는 도전을 통해 기회를 얻었고 성공한 사업가가 된 것이다.

나는 외동딸로 자라다 보니 혼자 해결하려고 하는 습관이 몸에 배이 있다. 누군가에게 속내를 털어놓는 일도 익숙하지 않은 스타일이다. 외동딸로 자라면서 가끔은 외로움을 숨기기 위해 사람들 앞에서만큼은 활기차고 밝은 성격인 척을 했다. 하지만 나의 속내는 내성적이고 쉽게 상처를 잘 받는 성격이다. 게다가 아주 엄한 아버지의 가르침으로 상당히 수동적인 성격이기도 하다. 스스로 일을 찾아서 하기보다는 주어진 일만 잘하는 편이라고나 할까.

나는 2년 동안 손해보험회사에서 영업을 했다. 이미 자리도 어느 정도 잡아놨으니 영업이지만 안정적인 곳이었다. 갑자기 더 큰 일을 하고 싶다는 생각이 머릿속을 헤집었다. 나는 미친 듯이 검색을 하고 수소문해서 법인 영업을 가르쳐준다는 곳에 1,000만 원이 넘는 돈을 내고 등록했다. 수업에 들어가니 대부분의 수강생들이 보험대리점 혹은 생명보험회사에 다니고 있었다. 법인 영업에 문외한이었던 나는 왜 나만 손해보험회사를 다니는 건지 궁금하지도 않았다. 나는 무작정 큰일을 하고 싶다는 생각만 가지고 열심히 배워나갔다. 수업을 듣다 보니 법인 영업은 개인 영업보다 계약고도 크고 대표님들을 상대해야 하니 사용 언어에 대한 센스도 필요하고 공부해야 할 것도 정말 많음을 알게 됐다. 그러던 중 수업 중에 코치가 내게 말했다.

"김유나 대표님, 손해보험회사에서는 법인 영업을 해서 계약을 할 수 있는 상품들이 별로 없어요. 계약을 받더라도 생명사나 대리점에 계시는 분들보다 수익도 차이가 많이 날 거예요. 똑같이 일했는데 수익에서 차이가 나면 속상하지 않을까요? 그러니 이직을 생각해보시는 것도 좋은 방법이에요."

나는 지체 없이 이직을 결정했고 때마침 스카웃 제의가 들어와 나는 좋은 회사로 이직을 할 수 있었다. 나는 인생을 살면서 크게 도전이라고 할 만한 일을 해본 적이 없다. 늘 그냥 적당히 사는 삶이었고 내가 만들어놓은 영역에서 벗어나는 것을 두려워하는 사람이었다. 그러나 영업을 배우기 시작하면서 내 안의 또 다른 내가 있음을 발견하게 되었다. 법인 영업을 위해 고액의 수강 신청을 하는 것에도 엄청난 용기가 필요했다. 안정적인 수수료를 포기하고 이직을 하는 것도 빚을 갚고 있는 상황에서 엄청난 모험이었다. 나의 삶은 영업을 하기 전과 영업을 한 후로 나뉜다. 한없이 나약하고 무능하다고 생각했던 존재에서 실패도 성공도 받아들일 줄 아는 큰 사람이 된 것이다.

영업은 사람을 발전시킬 수 있는 무한한 가능성을 가진 직업이다. 영업에 대한 부정적인 생각을 하고 있는 사람이 있다면 그들은 절대 부자가 아니다. 성공한 사람도 아닐 것이다. 스스로를 믿고 포기하지 않을 열정과 도전 정신만 있다면 영업은 그 어떤 직업보다 꿀직업이 될 수 있다. 영업은 스스로 노력한 만큼의 충분한 보상이 이루어지는 직업이다. 주어진 시간 안에서 도전할 기회를 만들고 잘 활용한다면 절대 실패하거나 밥을 굶을 일은 없다고 생각한다.

06

영업을 하면 세상이 보인다

'정중지와(井中之蛙)' 우물 안에 갇혀 사는 개구리처럼 식견이 좁아 세상물정을 모르는 사람을 뜻하는 말로 속담으로는 '우물 안의 개구리'이다. 영업을 시작하기 전의 나는 우물 안의 개구리였다. 젊은 시절의 나는 친구들 사이에서 '얼리어댑터'로 불리웠다. 어떤 분야든지 내가 가장 먼저 경험해보고 친구들에게 이야기해줬다. 그것은 엄마의 영향이 컸던 것 같다. 우리 엄마는 돌아가시기 전까지도 연세에 비해 굉장히 센스 있고 새로운 것을 배우고 경험하는 것에 열정이 많으셨던 분이다. 내가 영업을 시작하고 성공할 수 있었던 이유는 아무래도 '얼리어댑터' 정신이 있어서였을 것이다.

결혼하기 전까지 나는 수십 가지의 일을 경험해봤고 도전했었다. 가난 때문에 일을 많이 할 수밖에 없었던 것도 있지만 좌절하지 않고 그 상황을 내 나름대로 즐기려고 했기 때문에 힘이 들지 않았다. 물론 지금보다 훨씬 젊은 시절이었으니 체력도 좋았겠지만. 결혼하고 그동안 여기저기 치이며 살던 삶에서 벗어났다는 마음이 들어서 그랬는지 아무 것도 하기 싫었다. 하루 종일 가만히 누워서 TV만 시청했던 적도 있었다. 베란다에 앉아서 멍하니 밖에만 바라보던 적도 있었다. 일부러 슬픈 영화를 보며 하루 종일 울어본 적도 있었다.

아이가 태어나고 아이만 바라보다 세상에 나가보니 처녀 시절에 보던 세상과는 너무도 달라져 있었다. 어쩔 수 없는 사정에 시작한 영업이 고달플 때도 있었다. 그러나 영업을 배우고 사람들을 만나다 보니 나는 정말 우물 안의 개구리였음을 깨달았다. 영업을 하다 보면 정말 다양한 사람들을 만나게 된다. 또라이부터 선비까지 너무나 다양한 사람이 존재했다. 그런 사람들을 만나고 상대하고 이기려면 많은 정보와 지식을 갖추고 있어야 했다. 열심히 배웠고 열심히 공부했다.

그러다 회사 조회시간에 고객 DB를 잘 만들어서 영업에 성공한 영업인에 대한 시청각 자료를 보여줬다. 그 자료를 보고 나도 어떻게 하면 고객을 만들어볼 수 있을까 고민했다. 그리고 찾아낸 방법이 블로그를 운영해보는 것이었다. 어떤 블로그를 만들까 고민하다가 부수입도 빠르게 만들 수 있다는 블로그를 선택하고 공부하기 시작했다. 나의 일상을 올리기도 하고 맛집 소개도 하고 아이 용품을 사면 블로그에 소개도 했다. 아침 조회 시간에 보험에 대한 좋은 내용이 나올 때도 블로그에 올렸다. 수개월 동안 블로그를 작성하니 구독자도 생기고 나의 안부를 묻는 사람들도 생겨났다.

블로그 여기저기를 기웃거리며 정보를 얻고 그 안에서 얻은 정보를 고객들에게 전해주기 시작했다. 매일매일 새로운 글을 게시할 수는 없었지만 차곡차곡 글이 쌓이면서 블로그에서 부수입이 생기기도 했다. 많은 돈은 아니지만 한 달에 80만 원 정도의 부수입이 생기니 행복했다. 그것도 내가 스스로 해보겠다고 달려든 블로그에서 돈이 들어오니 행복했다. 나의 블로그를 보고 보험을 문의하는 사람도 생겨났다. 사람은 아는 만큼 보인다고 하지 않았는가. 내가 블로그를 시작하고 난 후로 내가 알게 된 지식이 많아졌음을 느꼈다.

내가 만약 그때 영업을 시작하지 않고 전업주부나 마트나 미화원으로 갔다면 내 인생은 지금처럼 성공하지 못했을 것이다. 특정 직업을 비하하는 것은 아니다. 세상을 원망하고 아무것도 보지 않으려 했던 나의 무뎌진 '얼리어댑터' 정신이 영업을 시작하며 변화하는 세상을 받아들이기 시작했다. 더 이상 우물 안의 개구리가 아니었다. 영업을 시작하고 나는 나와 같은 연령대의 사람들이 잘하지 못하는 것을 하나라도 배웠으니 나는 영업을 시작하길 잘한 것이다.

보험에 대해 처음 교육 받을 때 보험은 단순히 실비부터 건강보험까지가 전부였다. 아프면 보험금 보상 받는 것, 화재가 나면 보상 받는 것. 이 정도가 내가 알고 있던 보험이었다. 고객을 만나게 돼서 가입설계서를 들고 고객을 찾아갔다. 가입설계서를 보여주며 열심히 설명을 하던 중 고객이 물었다.

"이 상품은 이율이 어떻게 되나요?"
"이 상품은 공시이율 3.65%입니다만 요즘 금리가 계속 떨어지는 추세라서 공시이율보다는 최저보증이율로 보시는 것이 더 낫습니다."
"그 둘은 뭐가 다른가요? 그건 왜 다르고 어떻게 정해지는 거죠?"

내가 열심히 보험 공부를 하기는 했는데 생각지도 못한 이율 부분을 물어보니 머리가 띵했다. 나는 고객에게 그저 회사에서 배운 대로 이야기해줬을 뿐인데 그렇게 깊은 질문이 나올 줄 몰라서 당황했다.

"고객님, 제가 그 부분은 확실하게 대답해드리기가 어려우니 확인해보고 나중에 말씀드려도 될까요? 회사에 들어가서 확인해보고 바로 안내드릴게요."

대답을 못 한 나 자신이 창피해서 얼굴이 달아올랐다. 나는 그래도 열심히 공부한다고 했는데 그냥 상품에 대해서만 줄줄 외웠던 것이다. 그 고객이 그런 질문을 해준 계기로 나는 아침마다 뉴스를 보고 인터넷 뉴스도 찾아보는 신기한 버릇이 생겼다. 그러다 보니 금융에는 문외한이었던 내가 미국 기준금리를 찾아보고 대출 금리를 알게 되고 다른 금융 상품에도 관심이 생기기 시작했다. 나는 예전부터 금융 계열에는 전혀 관심이 없었다. 그런데 일을 하다 보니 자연스럽게 관심을 갖게 되고 익숙해졌다.

이렇게 하나하나 받아들일 때마다 나도 모르게 당당해졌다. 고객과 재미있게 이야기하고 주제를 이끌어 나가는 내가 자랑스러워졌다. 영업을 하고 있는 내 모습이 예뻐보였다.

내가 영업을 하며 가장 잘한 일은 좋은 사람들을 만났다는 것이다. 어른들 말씀에 끼리끼리 논다고 하지 않았는가. 사람을 평가하려면 친구를 보라는 뜻이다. 영업 필드에서 만난 분들은 모두 가치관과 인성이 훌륭한 사람들이다. 영업에서도 성공한 사람들이기도 하다. 그래서 늘 배울 점이 많고 나에게 세상을 들려주는 사람들이다. 영업을 하기 전에도 물론 좋은 사람들을 많이 만났다. 영업을 시작하고 지금까지 내가 만나고 친분을 쌓은 영업인들은 항상 나에게 조언을 해주고 올바른 영업의 길로 갈 수 있게 도와준다. 그 중에서도 내가 가장 좋아하는 사람은 내가 처음 보험 세계에 들어왔을 때 나를 챙겨주시던 매니저님이다.

내가 처음 입사했을 때부터 지금은 우리가 다른 곳에서 영업을 하고 있지만 아직도 잘 챙겨주신다. 나를 위해 진심으로 기도해주고 응원해주시는 분이다. 얼마 전에도 내가 책을 쓴다는 것을 알고 한걸음에 달려와서 칭찬해주셨다.

"아이고, 김유나 씨. 작가님 되시는 거예요? 책 나오면 저자 사인도 해주시나요?"

"매니저님도 진짜 그만 놀려요. 책 출판하면 많이 사서 홍보 좀 해주세요."

"당연하지. 내가 키운 사람인데. 걱정하지 마."

"근데요. 세상에 영업 잘하는 사람이 얼마나 많은데 제가 책 쓴다고 나대는 거 아닌가 몰라요. 그냥 은근히 걱정되고 그래요."

"천하의 김유나가 걱정을 다 하고 웬일이래. 난 네가 참 대견스럽고 대단하다고 생각해. 왜 그런 걸 걱정하고 그래. 사람이 마음먹는다고 다 할 수 있는 사람이 있고 그럴 수 없는 사람이 있는데 유나는 뭐든지 다 할 수 있는 사람이야. 책을 쓴다는 게 쉬운 일이 아니잖아. 꿈만 꾸던 일을 행동으로 옮기는 게 사람들한테 얼마나 어려운 일인데. 나보다 어리긴 하지만 유나는 진짜 행동력은 존경할 만하지. 이왕 시작한 거니까 쓸데없는 생각하지 말고 잘 써봐. 쉽지 않았을 텐데 암튼 유나는 짱이야. 책 하나로 뽕 한번 뽑아보자. 우리 유나."

"일단 뒷일 생각 안 하고 저질러버리니까 문제죠 뭐. 그래서 고생한 것도 많잖아요."

"뭐 나쁜 짓으로 지르는 것도 아니고 좋은 걸로 지르는데 뭐가 문제야. 분명 잘될 테니까 무조건 파이팅 해."

나는 좋은 영업인들을 만나면서 "사람이 곧 재산이다."라는 말을 진심으로 느끼면서 일하고 있다. 꼭 일이 아니더라도 가장 기본적인 것이 사람 간의 관계라고 생각한다. 내가 억지로 선택한 영업이지만 영업을 하면 할수록, 많은 사람을 사귀면 사귈수록 내가 올바른 선택을 했다고 생각하게 된다.

나는 우물 안의 개구리에서 조금씩 조금씩 세상을 알아가고 넓게 볼 수 있는 능력을 배웠다. 이렇게 될 수 있었던 이유는 내가 영업을 시작했기 때문이고 지금까지도 영업을 천직으로 일하고 있기 때문이다. 그리고 영업을 제대로 잘 배웠기 때문이다. 이 세상에는 배울 것도 많고 알아가야 할 것도 많다. 만약에 내가 세상을 볼 줄 아는 눈이 없다면, 세상을 보는 눈을 키우고 싶다면 영업을 시작하라.

07

영업은 평생 직업이다

이 세상에는 아주 다양한 직업이 존재하고 있다. 옛말에 직업에는 귀천이 없다고 했다. 그런데 특히 대한민국에는 영업은 더럽고 치사한 일을 하는 직업이라는 편견을 가진 사람들이 많다. 청년 실업률이 극에 달해도 청년들은 영업을 시작할 생각은 하지도 않는다. 영업을 하고 있는 나는 아쉬움이 크다. 청년들뿐만 아니라 생계를 위해 일을 구해야 하는 사람들도 영업은 일단 제외한다. 경단녀라 취업이 안 된다고? 아이를 키우고 있어서 일을 할 수가 없다고? 빚이 많아서 기본급이 없으면 안 된다고? 스펙이 안 좋아서 취업을 못 한다고? 그런 생각을 갖고 있다면 그냥 앞으로도 쭉 실업자로 살지도 모른다. 영업은 누구에게나 기회가 열려 있고 부자가 될 수 있는 평등한 기회를 제공하는 최고의 직종이다.

우리 회사에 어떤 나이가 지긋하신 한 분이 면접을 보러 왔다. 그리고 면접에 합격하여 교육을 받으시고 영업을 시작하셨다. 새로운 사람들이 오면 우리는 환영해주는 의미로 항상 점심 회식을 했다. 늘 점심 회식을 하는 식당에 모여 새로 오신 분들이 자기소개를 했다. 나이가 지긋하셨던 분이 일어나 자기소개를 했다. 30여 년 가까이 군 생활을 하다 은퇴를 하시고 조금 더 잘살아보겠다고 투자를 했다가 퇴직금을 날렸다고 했다. 집에 있자니 눈치가 보이고 밥벌이라도 해야 할 것 같아서 일자리를 찾다 보험 영업을 하게 됐다고 한다.

"제가 나이가 많아서 잘 따라갈 수 있을지는 모르겠지만 군인의 정신으로 한번 열심히 해보겠습니다."

그분은 항상 제일 먼저 출근하시고 제일 늦게 퇴근하셨다. 자신은 나이도 많고 군 생활만 오래 해서 세상 물정을 잘 모른다고 하셨다. 배움이 느리니 일찍 출근해서 늦게까지 계시면서 늘 공부하셨다. 어느 정도 보험에 대해서 숙지가 되었는지 고객을 만나러 다니기 시작했다. 그렇게 다니시더니 거의 일주일에 2~3건의 계약을 매주 체결시키며 승승장구하셨다. 월요 조회 날 아침 지점장이 그분의 성공 사례를 부탁했다.

"가진 돈 홀랑 날리고 밥값이라도 벌 생각으로 입사했습니다. 나이가 많다 보니 할 수 있는 일들이 경비원이나 주차 관리 요원 같은 일밖에 없더라구요. 그런데 구인 광고를 보다 나이 제한이 없다고 하여 혹시나 하는 마음으로 연락을 했는데 저를 받아주시대요. 사회에서는 별로 아는 사람도 없고 막막했는데 그래도 주변 지인들이 조금씩 도와주더라구요. 늦은 나이에 새로운 일을 하게 됐으니 안타까웠나 봐요. 군 생활만 하던 사람이 무슨 영업이냐고 집에 얌전히 있는 게 도와주는 거라고 말리는 사람도 많았는데 그래도 한번 도전해보자 싶었어요.

운동 삼아 시장도 돌아다니고 동네 산책도 하면서 즐겁게 돌아다녔어요. 그래서 동네 사람들도 많이 사귀었죠. 이 나이에 어디에서 이렇게 좋은 책상 자리를 내주겠어요. 거기다 한 번도 이렇게 큰돈은 벌어본 적이 없어요. 그런데 이렇게 월급을 받아보니 신이 나더라구요. 날린 돈도 금방 만들 수 있을 것 같은 자신감도 생겼어요. 그리고 집에 가면 마누라가 예전처럼 눈치 안 줘서 좋아요. 군 생활이 싫지는 않았는데 지금 영업이라는 걸 경험해보니 왜 젊었을 때 영업을 할 생각을 못 했을까 하고 후회도 되더라구요. 나이든 성별이든 차별 없이 경쟁하는 모습들도 좋아보이구요. 늦게 시작했지만 20년 납 고객들이 마지막 보험금 입금하는 날까지는 일을 하고 있었으면 좋겠네요. 이제야 시작한 것이 조금 아쉽지만 저는 아직 제가 젊다고 생각하니까 일할 수 있을 때 열심히 해보려고 합니다. 감사합니다."

성공한 사람들의 연설도 좋지만 마음에 확 와닿는 멋진 연설을 들었다.

우리는 수없이 많은 선택의 기로에 놓여 고민할 때가 많다. 그 중에 우리는 영업을 선택했다. 수입의 많고 적음은 현재는 중요하지 않다고 생각한다. 누구도 우리에게 영업을 강요하지 않았다. 선택했다면 결과로 보여주면 된다. 자신이 일을 꼭 하겠다는 목표만 확실하다면 즐겁게 즐기면서 영업하면 오래도록 일할 수 있는 직업이다.

처음 법인 영업을 시작한 회사에 컨설턴트로 일하시는 여성분이 있다. 나는 그분을 굉장히 존경한다. 같은 여성으로서 참 멋진 분이다. 나이는 60대가 넘으셨지만 군살 하나 없는 몸매에 깔끔한 정장과 구두를 신는다. 걸음걸이도 당당하고 늘 자신감 있는 모습이다. 내가 나이 먹으면 변하고 싶은 모습을 갖고 계신다. 처음에 사무실에서 그분을 뵈었을 때 난 돈 많은 고객님인 줄 알았다. 그분은 보험 경력이 14년 정도 되셨고 법인 영업은 6년 정도 된다고 했다. 법인 영업은 정말 공부할 게 많은데 어찌 그 많은 공부를 다 하셨는지 정말 대단하다는 생각밖에 안 든다. 같은 팀이 아니라 자주 볼 기회는 없었지만 가끔 지나가다 복도에서 마주치거나 휴게실에서 마주치는 정도였다. 나는 늘 그분이 어떤 사람인지 궁금했다. 그래서 사람들을 통해서 가끔씩 그분의 소식을 들었다.

외부 미팅이 일찍 끝나서 사무실에 돌아와 휴게실에 갔다. 내가 평소에 좋아하던 그분이 계신 것이 아닌가. 나는 얼른 인사를 했다. 그분도 밝게 웃으시며 인사를 했다. 휴게실 의자에 앉아 커피를 마시는데 그분도 따라 앉았다. 어쩌다 그분과 이야기를 하게 되었다.

"법인 영업 일한 지 얼마나 됐어요?"

"저는 시작한 지 얼마 안 됐어요. 근데 공부할 것이 꽤 많아서 힘드네요. 일한 지 오래되셨어요?"

"개인 보험은 14년 정도 했고 법인 영업은 6년 정도 했으니까 20년 정도 보험 일을 하고 있는 거죠. 나이가 어떻게 돼요?"

"저는 38세입니다. 개인 보험은 2년 정도 했고 이제 막 법인 영업 시작하는 단계예요."

"아, 그렇구나. 나도 40세쯤 돼서 보험 처음 시작했어요. 그때는 개인 보험도 괜찮았는데 이제는 법인 영업 정도 해야 먹고사네요."

"영업 힘들지 않으세요?"

"예전보다 많이 힘들어졌는데 내 나이 돼보면 알겠지만 일할 수 있는 것만으로도 감사해요. 내 또래쯤 되면 진작에 명퇴 당하거나 치킨집 차리거나 그런데 난 내가 그만두지 않으면 잘릴 걱정도 없고 내가 알고 있는 지식 대표들한테 좀 풀어주고 사업 잘되게 도와주고 하면 돈도 많이 벌고 내 시간 있고 난 좋아요. 애들도 보험 영업해서 다 키웠는데요 뭐.

이것보다 더 좋은 직업이 어딨어요."

"항상 너무 이쁘게 하고 다니셔서 궁금했어요."

"영업하는 사람들은 언제 어떤 일이 생길지 모르니 항상 준비하고 있어야죠. 고객이 갑자기 찾아올 수도 있고 갑자기 미팅이 생길 수도 있고 그래서 항상 준비하고 다니죠. 자기 관리 잘하는 사람처럼 보이면 전문성 있어 보이고 좋잖아요."

"진짜 대단하시네요. 저는 거기까지는 생각 못 했어요."

"일을 하니까 남편 눈치 안 보고 이렇게 꾸미고 다니고 사고 싶은 것 사고 하는 거죠. 이런 즐거움도 있어야 일할 맛도 나고 하는 거죠. 여자건 남자건 영업하는 사람들은 좀 꾸며야지 더 있어 보인다니까요. 그리고 일을 해야 머리가 안 굳어요."

평생 직업은 80세 이상 나이가 되어도 여전히 자신 스스로 무언가를 할 수 있는 직업이다. 평생 직업은 타인에게 의존하거나 기대지 않고 타인에 의해 좌지우지되지 않는다. 자신의 뜻에 따라 자유롭게 스스로 결정하며 일할 수 있는 직업이다. 그 직업이 나에게는 영업이었고 누구에게나 평생 직업으로 부와 자유를 가질 수 있는 가장 완벽한 평생직장이다. 어떤 사람도 우리의 인생을 대신 살아줄 수 없다. 주변 사람들의 시선에 아랑곳하지 않고 오롯이 나만을 위한 인생을 설계하고 실행하라. 나 자신을 사랑하고 가꾸고 많은 사람들에게 알리는 것이 영업의 생명이다. 지금 있는 곳에서 최선을 다하여 꿈을 펼치면 이기는 영업인이 될 수 있다. 이기는 영업인이 되면 원하는 것을 원하는 때에 얻을 수 있다.

"인생에는 세 번의 기회가 온다."라는 말이 있다. 나는 영업을 하기 전까지는 내가 인생의 세 번의 기회를 다 놓친 줄 알았다. 그러나 다행히 인생에서 기회는 생각보다 많이 온다. 그 기회를 잡는 자와 못 잡는 자는 시간이 흐를수록 삶의 격차가 벌어진다. 그동안 수많은 직업을 전전했다. 하지만 나는 영업이라는 기회를 잡았다. 영업을 하면서 많은 경험을 하고 실패도 하고 성공도 했다. 영업을 하며 인생의 쓴맛, 단맛도 다 맛봤다. 그러나 영업만큼 내게 돈을 벌게 해주고 성장하게 만든 직업도 없다. 나를 다시 살게 해주고 꿈꾸게 해준 것도 영업이었다. 새로운 경험을 할 수 있었고 도전할 수 있었다. 지금 아무 것도 하지 않으면 기회를 잡을 수 없다. 영업은 누구에게나 평생 직업이 될 수 있다.

SALES SKILLS

2장

영업은 끈기가 아니라 기획력이다

01

영업은 끈기가 아니라 기획력이다

영업인으로 일을 하면서 선배 영업인들이 가장 많이 해줬던 이야기가 있다.

"많이 돌아다니면 돼."
"구두 열 개쯤 빵꾸나면 성공할 수 있어."

선배들은 아침에 출근해서 조회가 끝나고 나면 대부분 외근을 나갔다. 선배 영업인이 내게 개척 영업을 알려주시겠다고 하여 따라 나갔다. 사무실이 밀집해 있는 건물을 돌아다니며 꼭대기층부터 한 층씩 방문해서 명함을 주고 인사하고 내려오는 '벽타기'부터 시작했다.

"안녕하세요. A손해보험 김유나 팀장입니다. 보험에 대해 궁금하신 점 있으시면 언제든지 연락 주세요. 감사합니다."

입에서 단내가 날 정도로 돌아다녔다. 그러다 한 번은 안양의 아파트형 공장에 개척을 나갔다. 직원 휴게소에 여러 명의 여직원분들이 커피를 드시고 있길래 명함을 건네며 말을 건넸다.

"가입하고 있는 보험에 대해서 궁금한 점이 있으시면 저에게 알아보시면 됩니다."
"아, 그래요? 저 안 그래도 암 보험 궁금했는데요. 30대 여자 암 보험은 금액이 얼마나 돼요?"

나는 신이 나서 암 보험에 대해 열정적으로 설명을 했다. 고객도 만족하는 듯 보였고 나는 속으로 곧 계약까지 가겠구나 싶었다. 고객은 생각 좀 해보고 연락 주겠다고 했지만 영영 연락이 오지는 않았다. 그렇게 여러 번 실패하기도 하고 건물 관리인에게 쫓겨나기도 하고 혼도 많이 났다. 그래도 포기하지 않았다. 그러나 발이 퉁퉁 붓고 옷이 땀에 젖을 정도로 열심히 돌아다니는 노력에 비해 성과가 나오지 않았다. 개척 영업을 시작하고 매일매일 열심히 일했지만 돌아오는 건 마감의 걱정뿐이었다.

대부분의 영업인들은 정말 열심히 일한다. 엄청난 스트레스와 부담감을 안고 불안하기 짝이 없는 미래를 생각하며 열심히 일한다. 하지만 성공한 영업인들과 그냥 영업인들은 그들이 받는 수입부터 영업력까지 엄청난 차이가 난다.

내가 법인 영업을 시작하고 초반에는 2인 1조로 영업을 다녔다. 어느 날 갑자기 우리 대표가 프로모션을 내걸었다.

"앞으로 3개월간의 실적 평균을 내서 1등 한 사람에게는 해외여행과 함께 순금 10돈을 드릴 겁니다. 파이팅하시고 꼭 선물 받아가셨으면 좋겠습니다."

우리는 어떻게 하면 1등을 할 수 있을지 고민하다 너 나 할 것 없이 좋아하는 유튜브를 촬영하기로 했다. 나보다 조금 더 먼저 법인 영업을 시작한 파트너가 촬영을 하고 나는 편집을 하기로 했다. 우리는 그동안 대표들이 많이 하는 질문이나 궁금한 점을 주제로 선정해서 회사 대표님들에게 도움이 될 만한 정보를 가지고 유튜브를 촬영했다. 그리고 상담을 나갈 때마다 대표님들에게 우리 유튜브를 소개했다. 대표님들이 궁금해하는 부분을 상담만으로는 기억하기 어려우니 언제나 볼 수 있도록 만들었다고 설명하고 시청을 하게 만들었다. 대표님들은 신기해하기도 하면서 우리를 좀 더 전문적인 컨설턴트라고 생각하기 시작했다. 어떤 대표님은 우리에게 아이디어를 제공하기도 했다.

"김 실장님, 대표들이 상담받는 모습을 촬영해서 유튜브에 올리는 것도 괜찮을 것 같은데 어때요?"

한 달 정도 지나고 나니 여기저기서 소개받았다고 상담받고 싶다고 연락이 왔다. 상담을 소화하지 못할 만큼 연락이 왔고 더 이상 우리는 힘들게 돌아다니며 돌방을 하지 않아도 되었다. 우리가 상담했던 대표님들이 다른 사람들에게 유튜브를 보여줬다고 했다.

잠도 못 자면서 고객을 만들기 위해 현수막을 걸으려 발품을 팔고 돌방을 하고 DM을 보내며 무작정 발로만 뛰며 영업을 했었다. 우리가 1등을 해보고자 시작했던 유튜브 덕분에 우리는 어렵지 않게 고객을 만들 수 있었다. 게다가 우리가 상담을 하러 가면 예전에는 상상할 수도 없었던 대표님들의 대우를 받았다. 그동안 무식하게 발로만 뛰어 영업을 하려던 내가 멍청해 보였다. 영업 조직에서는 항상 이렇게 말한다.

"영업은 지치면 안 된다. 끝까지 지치지 말고 열심히만 하면 돼."

아무도 영업 방식을 알려주지 않는다. 왜냐하면 그들도 잘 모르기 때문이다. 내가 왜 영업을 하고 있고 어떻게 기획을 해야 하는지 정확한 가이드 라인만 잡으면 당신은 성공할 수 있다.

우리 회사 대표의 소책자를 만들어준 적이 있다. 우리 대표님은 노무에 대해서 강의를 하고 싶어 했다. 강의안을 만들고 프레젠테이션까지 모든 준비를 마친 상태였다. 대표님은 수강생을 모집하기가 쉽지 않은지 고민에 빠져 있었다. 대표님은 EDM(메일광고)을 제작하여 불특정 다수에게 메일을 보냈다. 우편물을 제작해서 여러 회사 대표들 앞으로 우편을 보내기도 했다. 그러나 쉽게 모이지 않는 수강생 때문에 여러 번 강의가 무산되었다.

"김 실장, 내가 강의를 하려고 하는데 수강생 모집하기가 쉽지 않네. 김 실장은 마케팅 업무도 해봤으니까 나 좀 도와줘. 무슨 방법이 없을까?"

"법인 영업은 잘하시면서 사람 모으는 영업은 잘 못하시는 거예요? 똑같이 영업인데."

"그러게. 쉽지가 않아."

"고민 좀 해볼게요."

법인 영업에서는 2인자라고 하면 서러울 만한 능력을 갖고 계신 분이 많이 고민하시기에 나도 방법을 찾고 있었다. 그렇게 고민하고 있던 찰나에 메일을 한 개 받았다. 마케팅 특강을 한다는 광고 메일이었다. 그 특강을 신청하는 사람에게는 강사의 이력, 철학, 성공한 마케팅 방법 등이 쓰여 있는 소책자를 증정한다고 했다. 그래서 나는 바로 우리 대표님을 찾아갔다.

"대표님, 수강생 모을 만한 방법이 생각났어요."

"그래? 어떤 방법인데?"

"일단 대표님이 글을 좀 써주셔야 되는데 대표님 이력이랑 철학 같은 것도 써주시고 노무를 공부하게 된 계기, 그리고 노무를 잘하는 노하우 같은 내용을 20장 정도 써서 저에게 주세요. 그럼 제가 소책자로 만들면 대표님 수업에 등록하시는 분들에게 돈 주고는 구매할 수 없는 노무에 대한 포인트가 들어 있는 소책자를 증정해준다고 하면 될 것 같아요."

"그런다고 수강생이 올까?"

"밑져야 본전이니 한번 해보자구요."

며칠 동안 밤낮으로 글을 쓴 대표님에게 원고를 받아 수정하고 검토하고 소책자 디자인을 제작하고 소책자를 완성했다. 그리고 소책자의 일부 중요한 내용을 편집하여 메일 광고를 할 때 삽입했다. 결과는 성공적이었다. 대표님은 여덟 번 정도의 특강 수업을 진행할 수 있었고 수강생들의 평판도 나쁘지 않았다. 소책자의 내용도 좋았고 대표님이 강의에도 탁월한 능력을 갖고 계셔서 가능한 일이었다. 대표님은 너무 바쁜 나머지 강의를 계속 진행할 수 없음에 아쉬워했다.

무작정 광고를 하고 나를 알린다고 영업이 되지 않는다. 나를 어떻게 알릴지 어떤 방법으로 고객에게 이득을 줄 수 있을지를 고민해야 한다. 세상이 바뀌고 시대가 바뀌었다. 사람들도 바뀌었다. 영업을 잘하기 위한 방법은 셀 수 없이 많다. 내가 선택한 영업 방식으로 실적이 부진하다면 영업에 대해 고민하지 않은 것이다. 내가 하는 영업 방식이 맞지 않다면 영업 방법을 바꿔야 한다. 그리고 성공한 영업인들의 시스템을 배워야 한다. 성공한 영업인들은 모두 자기만의 시스템이 있다. 그 시스템을 나의 입맛에 맞게 고쳐 활용해야 한다.

영업이라는 것은 사람들에게 최고의 기회이고 나를 발전하게 하는 힘을 가지고 있다고 생각한다. 모든 영업인들은 항상 최선을 다하고 있다고 말한다. 과거처럼 무작정 발로 뛰고 끈기만으로 영업하는 시대는 지났다. 눈치 없이 과거의 영업 방식을 고수하는 바보가 되면 안 된다. 세상에는 쉽게 돈 벌 수 있는 영업은 없다고 생각한다. 내가 어떤 영업력을 가지고 있는지 기획하는 영업인이 최고의 영업인이다. 성공한 영업인이 말하는 비결이다.

"영업은 끈기가 아니라 기획력이다."

02

첫 3년 영업이 성과를 좌우한다

어떤 분야든 성공한 사람들에게 성공하는 데까지 얼마의 시간이 걸렸는지 물어보면 성공한 사람들은 "일단 3년은 미쳐야 한다"라고 말한다. 내가 지금 하고 있는 일이 오랫동안 했음에도 불구하고 수입이나 형편이 나아지지 않는다면 우리는 "나는 단 한 번이라도 이 일에 미쳐본 적 있는가?"라고 물어봐야 한다.

어느 영업의 달인이 1년을 영업에 미치니까 다른 사람들이 부담스러워했다. 2년을 미치니까 사람들이 대단하다고 했다. 3년을 미치니 "당신은 프로다. 그 어려운 영업일을 계속 하다니."라고 말했다. 5년을 마치니 영업의 달인은 출세했다고 한다. 미칠 때도 꾸준히 미쳐야 한다. 사람들이 당신에게 미쳤다고 한다면 당신은 성공의 길로 진입한 것이다. 의지박약, 작심삼일, 용두사미, 냄비근성으로는 아무런 성과도 이루어질 수 없다는 것을 기억해야 한다.

한 번 끓은 물은 쉽게 식지 않는다. 한 번 끓어오른 사람도 쉽게 식지 않는다. 3년의 미친 시간을 보내고 나면 3년의 미친 시간이 평생 자산으로 남아서 나중에는 훨씬 더 편하게 영업을 할 수 있다. 많은 사람들이 영업은 힘든 일이라고 생각하고 영업인이 되기를 두려워한다. 하지만 영업에서 실패한 사람들의 잘못된 이야기만 듣고 제대로 영업을 배우지 못해서 그런 것일 뿐이다. 무슨 일이든 처음부터 기초만 제대로 배워놓는다면 어떤 영업을 하든 성공자의 위치에 갈 수 있다.

개그맨 박명수가 한 이야기 중에서 "어릴 때 공부 안 하면 더울 때 더운 데서 일하고 추울 때 추운 데서 일한다."라는 말이 있다. 세상을 살면서 이 말에 격하게 공감한다. 하지만 진입의 장벽이 낮은 영업직의 경우는 다르다. 스펙도 학력도 필요 없고 나이와 성별도 문제가 될 것이 없다. 영업의 방법만 터득하면 억대 연봉의 영예도 가질 수 있다. 또 다른 일을 하나가도 마지막 직업으로 영업을 선택하는 사람들도 많다. 특별한 기술이 없어도 시작할 수 있는 직업이기 때문이다. 게다가 직장 상사의 눈치 볼 필요도 없고 시간 활용도 자유롭게 할 수 사용할 수 있다. 이렇게 멋지고 특별한 직업이 세상에 또 있을까?

나는 영업일을 하다 스트레스를 받거나 힘이 들 때면 바다를 보러 가는 유일한 취미가 있었다. 날씨가 너무 좋았던 가을에 나는 고객과의 미팅이 줄줄이 무산되어 속상한 마음을 달래고자 학습지 영업을 하는 친구를 불러내어 다짜고짜 제부도로 달려갔다. 바다를 보고 있으니 마음이 뻥 뚫리고 기분이 좋았다. 나는 친구에게 말했다.

"우리 간만에 바다 보니 기분도 좋은데 조개구이에 소주 한잔 어때?"

"너 회사 들어가야 되지 않아? 귀소할 때 술 냄새 나면 어쩌려고 그래?"

"가그린은 괜히 가지고 다니는 게 아니잖아?"

친구와 나는 고등학교 이후로 아주 오랜만에 많은 이야기를 나눴다. 학창 시절 얘기부터 결혼 생활을 이야기하고 아이 키우는 이야기도 해가며 즐거운 시간을 보냈다. 웃고 떠들며 술을 마시다 보니 꽤나 많은 양의 술을 마셨다. 약간의 취기가 오르자 갑자기 흥이 돋았다.

"생각보다 술을 많이 먹었네. 우리 술도 깰 겸 고등학교 때처럼 노래방 가서 신나게 흔들어 볼까? 어때?"

"그래. 나 노래방 못 가본지 백만 년은 된 것 같아. 가서 신나게 놀고 나면 술도 깨겠지."

우리는 노래방에 가서 누가 먼저랄 것도 없이 마이크를 붙잡고 열창을 했다. 평일이라 그런지 노래방의 시간 서비스는 계속되었고 우리는 굳게 잡은 마이크를 내려놓지 않았다. 한참을 놀다 시간을 보니 귀소 시간이 다가왔다. 나는 회사에 연락해서 오늘은 고객과 미팅이 늦어져서 귀소할 수 없을 것 같다고 이야기를 했다. 친구와 나는 또다시 미친 듯이 노래를 불렀다. 노래방에서 나오니 해가 뉘엿뉘엿 지고 있었고 그 모습이 아름다워 친구와 바다가 보이는 카페에 들어가 커피를 마셨다. 커피를 마시며 친구와 이야기를 했다.

"영업이 힘들 때도 있지만 아이를 케어할 수 있는 시간도 있고 이렇게 평일에 너랑 만나서 놀 시간도 있고 참 좋은 직업이야. 안 그래?"

"그렇지. 자유시간이 있다는 게 얼마나 행복한 일이냐."

일반 직장인들은 상상도 할 수 없는 자유시간이 아닌가. 법인 영업을 하다 보면 나의 주 활동지 말고도 전국적으로 출장을 많이 다니게 된다. 그럴 때면 미팅이 끝나고 맛집을 찾아 맛있는 것도 먹고 좋은 호텔에서 하루를 보내며 허세 아닌 허세도 부려볼 수 있다. 다른 사람들은 시긴을 내어서 가야 하는 좋은 곳도 마음만 먹으면 언제든지 다녀올 수 있다. 기본급이 없는 직업이기는 하지만 내가 열심히 일해서 나온 성과에 대한 보상도 직장인은 생각도 못 할 만큼 두둑하다.

영업이 힘들다고 하면 힘든 것이지만 반대로 생각하면 의외로 즐겁고 쉬운 직업이다. 영업을 잘하기 위해서는 다른 것도 잘해야 하는 것은 맞지만 '힘들다'와 '행복하다'의 더하기 빼기를 잘할 줄 알면 영업만큼 짜릿한 직업도 없을 것이다.

나는 영업을 하기에 여러 가지로 부족한 점이 많았던 사람이다. 가난의 고통과 절망을 등에 업고 영업을 시작했다. 세상을 포기하려고 했던 나도 영업으로 성공했다. 진정으로 나의 반 구십 살 인생을 살며 내 일에 미쳐 있었던 3년이라는 시간은 누구에게도 당당하고 자신 있게 말할 수 있다. 시작부터 억대 연봉의 영업인은 아니었지만 3년이라는 미쳐 있던 시간이 있어 성공이라는 영광을 얻었다. 내가 성공을 하고 가장 기뻤던 순간이 경제적 자유를 얻어 내 아이가 원하는 것을 해줄 수 있었던 것이다. 아이가 배우고 싶은 것을 배우게 해주고 물질적인 풍요도 같이 줄 수 있음에 감사한다.

만약에 내가 직장을 선택하고 사회적 노예가 되었다면 고작 200만 원이라는 월급으로 빚도 갚지 못했을 것이다. 아마 지금까지도 넋이 나간 상태로 내 상황을 부정하며 괴로워했을 것이다. 경단녀에 육아를 하며 빚만 잔뜩 있는 가정주부도 억대 연봉의 영업인이 될 수 있음을 나를 보고 알았으면 좋겠다. 아줌마가, 가정주부가, 경단녀가 해냈다면 이 글을 읽고 있는 여러분도 해낼 수 있다. 어쩌면 여러분은 나보다 훨씬 좋은 조건으로 영업을 시작할 수 있을 것이다. 여러분에게도 아직 기회가 남아 있다. 지금 취업에 목숨 걸고 있다면, 이직을 준비하고 있다면, 경제적 자유를 얻고 싶다면 영업을 시작하라.

영업이 어렵다고 하지만 방법만 터득하면 이보다 쉬운 일도 없다. 영업이라고 하는 것이 잘될 때도 있고 안 될 때도 있지만 슬퍼하거나 의기소침해질 필요도 없다. 잠시 지나가는 영업의 성장통이라고 생각하면 된다. 자신이 가지고 있는 잠재력을 믿고 자신감을 가지고 나아가면 된다. 나의 책 쓰기 스승님이자 멘토이신 〈한책협〉의 김도사님이 말씀하셨다.

"내가 상상하는 것들은 무조건 현실이 된다는 단단한 믿음을 가져야 한다. 원하는 것을 의식 속에 선포하고 상상 속에서 내가 원하는 것을 가졌을 때 느끼게 될 감정과 기분을 생생하게 느껴보고 취하게 될 행동을 해보라."

간절히 원하면 이루어지고 간절함을 상상하면 현실이 될 것이다. 나는 의지가 약해서 해낼 수 없을 거라 단정 짓지 말아야 한다. 단 무슨 일이든 작심삼일을 멀리해야 하는 것처럼 영업에서는 첫 3년이 중요하다는 것을 명심해야 한다. 어떤 분야에서도 10년, 20년을 꾸준히 한 것이 중요한 것이 아니다. 그 긴 세월 동안 스스로 정말 집중해서 일을 한 시간이 얼마인지 확인해야 한다. 꽉꽉 눌러 담은 3년이 없다면 최선을 다했다고 흉내만 내는 것이거나 착각 속에 빠져 있을 가능성이 크다. 오롯이 3년 동안 일에 미쳐 있으면 영업 인생의 가장 소중한 시간임을 알 수 있을 것이다. 지금 자신이 가지고 있는 자신의 가치를 과소평가하지 말아야 한다.

자신의 무한한 가능성과 잠재력을 믿고 앞으로 한 발 나아가야 한다. 여러분도 이 세상 그 어느 누구보다 잘 나가는 최고의 영업인이 될 수 있다. 상위 1%의 영업자가 될 수 있다. 내가 해냈다면 여러분도 해낼 수 있다. 사람은 누구나 성공을 거둘 수 있는 존재이다. 지금 내 책을 읽고 있는 사람이라면 영업을 시작하려는 사람이거나 영업을 시작했는데 성과가 나오지 않는 사람일 것이다. 그런 여러분에게 내가 가지고 있는 모든 것을 알려줄 것이다. 언제나 여러분의 삶이 최고로 행복하고 성공자의 반열에 오를 수 있도록 도와줄 것이다.

무슨 일이든 3년만 미쳐보라는 말을 들을 때마다 가슴에 절절히 와닿는다. 영업이 아니더라도 내 인생의 무엇인가를 바꾸려면 3년만 전력질주하며 꾸준히 미쳐야 한다. 그러니 오늘부터 딱 3년만 미쳐보겠다는 다짐을 당장 실행하길 바란다. 일기장이나 다이어리에 큰 글씨로 오늘의 날짜를 기록하라. 오늘부터 질주를 시작하고 내년, 내후년의 오늘은 반드시 달라져 있을 것이다.

03

"조금만 더 버티면 돼" 이건 거짓말이다

요즘 우리에게 가장 핫한 단어가 존버(존나게 버티면)가 아닐까 한다. 아이돌 그룹 '브레이브 걸스'를 비롯하여 주식, 비트코인 등등. '버텨봤자 소용없다'에서 '버티다 보면 될 수도 있다'라는 희망을 선물하는 단어인 것 같다. 뉴스 기사들을 보면 크고 작은 존버 뉴스들이 보인다. 월급쟁이 회사원이 비트코인을 사서 존버했더니 대박 나서 퇴사한다는 뉴스도 화제였다. 3년 5개월의 공백을 견디고 역주행으로 대박 난 아이돌 그룹 '브레이브 걸스'도 핫이슈다.

펜실베니아 대학의 심리학자 안젤라 다크워스가 개념화한 용어 'GRIT'은 열정적 끈기라고 할 수 있다. 성공과 성취를 끌어내는 데 결정적인 역할을 하는 용기를 뜻한다. 그러나 이는 단순히 열정과 근성만을 의미하는 것이 아니다. 담대함과 낙담하지 않고 매달리는 끈기를 포함한다. 끈기는 지속하는 힘을 말하고 열정은 마음의 온도를 나타낸다.

지금 유행하는 단어인 존버와 가까운 개념이라고 할 수 있다. 영업을 시작하는 사람들에게 조언이라고 하는 말들은 모조리 '일단 무조건 버티면 성공할 수 있어'와 '지치지만 않으면 돼'이다. 맞는 말이다. 하지만 영업은 그냥 무작정 버티기만 하면 되지 않는다. 목표를 가지고 노력을 동반하는 버티기만이 영업에서 살아남을 수 있다.

나는 초등학교에 입학하자마자 엄마의 권유로 피아노를 배우기 시작했다. 옆집에는 대학생 언니네 가족이 살았는데 언니는 피아노 전공자였다. 그래서 집에 앉아 있으면 옆집에서 흘러나오는 언니의 피아노 연주를 감상할 수 있었다. 엄마는 피아노 소리가 좋으셨는지 나에게 피아노를 배울 것을 적극 추천했다.

"엄마는 네가 피아노를 열심히 배워서 엄마한테 연주해주면 좋겠어. 우리 딸은 피아노 치고 아빠는 노래 부르고 엄마는 감상하고 너무 좋겠다. 그치?"

피아노 학원을 등록하고 영창 피아노 대리점에 가서 엄마가 피아노도

사주셨다. 나보다 더 들떠 좋아하시던 엄마였다. 그저 피아노가 생기니 좋아서 열심히 학원에 다니고 연습했다. 점점 나아지는 내 피아노 실력에 나도 흥이 났다. 그렇게 몇 년을 열심히 배우던 중 피아노 학원 원장님이 엄마에게 내가 피아노 콩쿨 대회에 나갈 것을 권유했다.

"어머니, 다름이 아니라 유나를 10월에 개최하는 전국 피아노 콩쿨 대회에 참여시키고 싶은데 어떻게 생각하세요? 유나한테도 좋은 기회가 될 것 같아서요. 여기서 상 받으면 예중 입학할 때도 도움이 될 거예요."

"아, 예중은 아직 모르겠고 피아노 콩쿨은 참여시킬게요. 근데 워낙 부끄럼이 많은 애라 잘할 수 있을지 모르겠네요."

피아노 선생님과 엄마의 대화 이후 나는 하루에 6시간 정도의 피나는 피아노 연습을 당했다. 3개월에 걸친 피나는 연습 덕분에 나는 피아노 콩쿨 대회에 출전하여 1등이라는 상을 받을 수 있었다. 그렇게 상을 받고 나니 피아노 선생님은 피아노를 전공으로 시켜도 좋을 것 같다고 추천했다. 그러기 위해서 다른 피아노 대회에도 참여해보라고 권유했다. 엄마는 당연하다는 듯이 참가를 허락했다. 초등학교 4학년이었던 나는 점점 늘어나는 연습량에 부담감이 생겼다. 나는 로봇 같은 내 일상이 즐겁지가 않았다. 나는 피아노를 치는 것이 즐거웠을 뿐이지 전공을 하고 상을 받아서 자랑하고 싶다는 생각은 없었다.

부담감이 생기니 피아노를 연주하는 것이 즐겁지가 않았다. 그저 약속된 대회에 참가하기 위해서 버틴 것뿐이었다. 버티기에 한계가 오니 엄마 몰래 학원을 빠지기도 하고 아프다고 핑계를 대기도 했다. 학원을 빠진 날은 어김없이 엄마에게 혼나고 학원에 끌려갔다. 그럴 때마다 피아노 선생님은 나에게 말했다.

"유나야, 이런 식으로 책임감 없이 회피하면 어떻게 대회에 나가니? 열심히 연습하고 지내다 보면 더 멋진 곡을 칠 수도 있고 더 많은 피아노 스킬도 배우게 될 거야. 그러니까 조금만 더 참고 연습하면서 버텨보자."

나는 결국 버티지 못해 피아노를 그만뒀다. 더 이상 피아노를 치고 싶다는 의지가 없어졌기 때문이다. 세상에는 우연한 기적은 없다. 한 분야에서 성공한 사람들은 힘든 시기를 죽기 살기로 버틴다. 그리고 자기 일에 몰입하고 시련을 극복하고 성공의 자리에 오른다. 일본의 검성으로 불리우는 미야모토 무사시는 66차례나 목숨을 건 진검 승부에서 단 한 번도 패배하지 않았다. 미야모토 무사시는 조단석련(朝鍛夕鍊)의 시간을 가졌기에 66승의 승리를 이루었다. 아침에는 단(鍛)이라고 하여 1,000일의 수련을 했고 저녁에 련(鍊)은 10,000일의 수련을 했다고 한다. 그가 말하는 무도의 비법은 '단련'이라고 말했다. 어느 분야에서든 참고 또 참는 단련을 하여 끝까지 버티는 힘을 기른 사람만이 고수가 되는 길이라고 했다.

이를 악물고 버틴다는 것이 성공의 기본이라고 할 수 있다. 버티기 위해서는 성공하겠다는 의지가 있어야 하고 하루를 1년처럼 살아가는 부지런함도 필요하다. 영업을 한다는 것은 돈을 많이 벌고 싶다는 뜻이다. 돈을 번다는 것은 결국에는 버틴다는 것이다. 우리는 성공하려면 자신이 좋아하는 일, 잘할 수 있는 일을 하라고 말한다. 그러나 자신이 좋아하는 일들은 대부분 돈이 되지 않는다. 좋아하는 일이 돈이 되게 하려면 버티면 된다. 성공과 실패라는 현장의 경험들을 쌓아가다 보면 끝까지 버티는 힘도 만들어지는 것이다.

몇 달 전 TV 시청을 하던 중 〈유퀴즈온더블럭〉에 가수 비, 정지훈이 출연했다. 정지훈은 데뷔 전부터 생고생을 하며 버텨온 버티기의 산 증인이다.

"무조건 버티면 이기게 되어 있거든요. 이를테면 삽질 한 번만 더하면 금광이 나오는데 그걸 이겨내지 못하고 파다가 파다가 더 못 파겠다 포기했을 때 삽질을 멈추면 말 그대로 끝난 거예요. 한 우물을 파는 것 그것이 깡의 지름길이죠."

수많은 영업 초보들에게 꼭 해주고 싶은 좋은 이야기였다. 조금만 더 참고 인내하면 성공이라는 금광을 잡을 수 있는데 포기라는 삽질만을 뽑아 든다. 성공한 사람들 대부분의 공통점은 포기할 줄 모른다는 것이다. 영업 초보들은 몇 번 하다가 실패하면 영업은 내 길이 아닌 것 같다는 둥, 영업은 적성에 안 맞는다는 말들을 한다. 태어나면서부터 뼛속까지 영업인인 사람들이 얼마나 있을까? 영업이 적성에 맞는 사람도 있을까? 그 어느 누구도 영업이 천직인 사람은 없다. 나부터도 어려운 일보다는 쉬운 일을 선호하고 인내보다는 포기를 선택하는 사람이었다. 빠른 포기가 자랑인 양 떠들고 다니던 철없던 시절도 있다.

나도 처음 영업을 시작하고 성과가 좋지 않을 때는 '아, 역시 영업은 나랑 안 맞아. 시간 낭비 그만하고 빨리 다른 일자리나 찾아야겠다.', '송충이는 솔잎을 먹어야지 괜히 돈 벌겠다고 나와서 고생이네.' 이런 수없이 많은 갈등과 고민이 나를 붙잡고 흔들어댈 때도 있었다. 그렇지만 지금에 와서도 나 자신에게 가장 잘한 일을 꼽으라고 한다면 나는 단언컨대 영업을 시작하고 버틴 것이라고 할 것이다.

복싱 경기에서 상대를 다운시키는 것은 훅 펀치가 아니라 잽 펀치라고 한다. 잽 펀치는 한 번에 큰 위력을 행사할 수는 없지만 수없이 많은 잽을 맞은 사람은 시간이 갈수록 충격이 쌓여서 쓰러지고 KO를 당한다고 했다. 영업은 특히나 잽 펀치가 여기저기서 날아든다. 나 스스로만 나를 응원할 뿐 주변에서는 나를 격려하지 않는다. 같은 업종에 있는 사람들부터 동료, 지인 모두 나에게 잽 펀치를 날린다. 잽 펀치를 피하지 말고 현명하고 지혜롭게 맞는 내공을 쌓아야 한다. 스스로 자기 자신에게 지속해서 동기 부여를 하면서 버텨내야 한다. 미래 따위는 없을 것 같은 험한 여정이 될 수도 있다. 하지만 영업 초반을 잘 버텨낸 영업인이라면 절대 무엇을 해도 실패하거나 가난하지 않다. 하루하루 보람차게 버티며 쌓은 내공의 힘을 빌어 큰 성공을 이룰 수 있을 것이다. 한 번 사는 인생 영업인으로의 도전이 나의 인생 2막을 화려하게 열어줄 것이다.

성공하려면 귀 닫고 입 닫고 눈을 감아야 한다. 주변의 부정적인 소리에 귀를 닫고 부정의 기운을 떠벌리는 입을 닫고 유혹을 뿌리치기 위해 눈을 감아야 한다. 지금 당장은 힘들고 어렵더라도 조금만 더 버티면 금광을 캘 수 있다. 성공한 나의 모습을 보는 눈을 가지고 부를 끌어당기는 입으로 말하고 성공자의 조언을 새길 줄 아는 귀를 열어두면 된다. 포기를 모르고 버텨낸 당신은 이미 상위 1% 영업인이 되어 있을 것이다.

04

지금은 고객 맞춤 큐레이터 시대이다

'큐레이터'란? 큐레이터는 '보살피다, 관리하다'라는 뜻의 라틴어 '큐라(cura)'에서 유래한 용어로 감독인, 관리인 정도로 설명할 수 있다. 우리가 생각하기에는 박물관이나 미술관 같은 곳에서나 쓰일 법한 용어이지만 그렇지 않다. 우리처럼 보험 영업을 하는 사람들도 금융 큐레이터라고 말할 수 있다. 우리는 고객의 재무, 의료, 재산, 세금, 투자 등 이런 모든 것들을 관리해줄 수 있는 재능 있는 사람들이기 때문이다. 요즘처럼 생활 수준이나 문화 수준이 높아질수록 고객은 금액보다는 가치에 비중을 둔다. 과거처럼 영업인인 내가 권하는 것이 아니라 고객이 원하는 것에 맞춰주고 제공해줘야 한다. 요즘 시대는 먹을 것부터 입을 것, 탈 것

등. 머리부터 발끝까지 고객의 입맛에 맞춰 사용하거나 가질 수 있다. 수많은 제품들 사이에서 선택 장애를 겪는 고객도 있고 아예 새로운 것을 찾는 고객도 있다. 우리는 고객의 관심사에 초점을 두고 빠르게 파악해서 고객에게 이득이 되는 상품을 제안해줄 수 있는 금융 큐레이터가 되어야 한다.

작년에 코로나가 갑자기 확산세를 보였을 때 마스크 대란이 일어나고 마스크 필수 착용을 하게 된 후였다. 나는 마스크로 가려진 부분의 피부가 모두 뒤집어진 적이 있었다. 피부과에 가서 상담을 받았더니 한참 그 시기에 마스크 때문에 오는 환자가 많다고 했다. 가장 빨리 낫는 방법은 마스크를 착용하지 않는 것이라고 했다. 의사 선생님도 지금은 여건 상 어쩔 수 없으니 보습을 충분히 해주고 최대한 마스크 착용을 자제하라고 했다. 그리고 마스크 알러지 처방을 내려주셨다.

집에 특별히 가지고 있는 보습제가 없어 화장품을 사러 백화점에 들렀다. 나는 여자이지만 화장품에 대한 지식도 별로 없고 크게 관심 있어 하지도 않았다. 매장을 둘러보는데 어디가 좋은지 알 수가 없었다. 그래서 1층을 뱅뱅 돌면서 휴대폰으로 눈에 보이는 화장품을 죄다 검색했다. 네이버 화장품 리뷰를 보고 사람들의 반응이 제일 괜찮은 매장으로 갔다.

"안녕하세요, 고객님. 특별히 찾으시는 제품 있으신가요?"

"네, 마스크 알러지가 생겨서 보습제 좀 보려고요."

"요즘 블랙 라인이 제일 잘 나가요. 보습도 해주면서 기름기도 잡아주고 번들거리지 않아서 고객님들이 많이 선호하는 보습용 크림이에요."

"다른 종류는 없나요?"

"다른 라인도 있는데 제가 고객님 피부 상태를 봤을 때는 블랙 라인이 가장 잘 맞을 것 같아서 추천해드려요."

다른 곳도 좀 둘러보겠다고 하고 나와 다른 추천 매장으로 향했다. 그 매장에서도 보습제를 추천해달라고 말하고 안내를 기다리는데 점원이 다가왔다. 그리고는 나를 희한한 기계가 있는 곳으로 안내했다.

"고객님, 보습제 찾으신다고 하셨죠? 고객님 피부 상태를 먼저 확인하고 제가 추천을 드리려고 해요. 지금 이벤트 중이라 세트로 구매하시는 분들에 한해서 피부 진단 테스트를 해드리는데 고객님은 마스크 때문에 고생하시니까 특별히 확인해보고 추천해드릴게요. 혹시 화장하셨으면 약간 번질 수도 있는데 괜찮으시겠어요?"

초음파 기계처럼 생긴 것을 가지고 내 얼굴 여기저기를 문지르니 화면에 내 피부가 훤히 보였다. 내 피부의 수분 상태부터 주름진 피부, 모공 속에 박혀 있는 피지까지 보여서 부끄러웠다. 테스트가 끝나고 점원은 나는 수분 부족형 지성에 복합성 피부를 가졌다고 진단 내려줬다.

"고객님은 피부가 상당히 얇고 예민한데 계속 마스크 쓰고 다니니까 모공들이 숨을 못 쉬어서 참다 참다 나오는 거예요. 알러지들이 빨리 가라앉으면서 보습도 충분히 되는 무겁지 않은 제품으로 추천해드려요."

나는 두 번째 매장에서 보습제를 구매하고 집으로 돌아왔다. 백화점이라 그런지 두 곳 모두 너무 친절했다. 첫 번째 매장 직원은 나의 고민은 전혀 고려하지 않은 채 비싸고 좋은 보습제만 추천했다. 하지만 두 번째 매장 직원은 내가 지금 당장 필요로 하는 부분에 대해서 경청해줬다. 그리고 진짜든 가짜든 직원의 말에 특별한 대우를 받는 기분이었다. 또한 내 문제점을 정확하게 파악하고 제안해줬다. 우리도 이 두 번째 매장의 직원처럼 고객을 큐레이터 할 수 있는 센스를 가져야겠다.

이번에 원고를 쓰면서 책 표지에 들어갈 프로필 사진을 찍기 위해서 여러 스튜디오를 검색했다. 엄청 많은 스튜디오들 사이에서 어디를 골라야 할지 막막했나. 한참을 뒤적이나 보니 프로필 의상도 빌려주고 헤어, 메이크업, 촬영까지 원스톱으로 할 수 있는 스튜디오를 몇 군데 발견했다. 그래서 나는 가장 마음에 드는 두 곳을 간추려서 상담을 신청했다. A 업체에서 빠르게 연락이 왔다.

"안녕하세요. 상담 신청해주셔서 연락드렸습니다."

"네, 제가 보니까 프로필 촬영하면 의상도 지원되고 헤어, 메이크업 포함해서 가능하던데 맞나요?"

"네, 맞습니다. 사진은 컷 수에 따라 금액과 의상 개수가 달라지는 겁니다."

"아, 그럼 저 5일로 예약 부탁드리겠습니다."

"죄송하지만 7월은 예약이 꽉 차서 어렵겠는데요."

"아, 네 알겠습니다. 감사합니다."

A 업체와 아주 평범한 상담을 마치자마자 B 업체에서 연락이 왔다.

"안녕하세요. 김유나 고객님. 상담 요청해주셔서 연락드렸습니다. 프로필 사진 촬영하시려고 상담 넣어주신 거 맞죠?"

"네, 근데 금액이 안 나와 있어서요. 여기도 컷 수랑 의상 개수에 따라 금액이 달라지나요?"

"네, 맞습니다. 의상의 개수에 따라 콘셉트의 수도 정해진다고 보면 됩니다. 저희는 세 가지 종류의 금액이 있으니 참고를 해주시구요. 의상은 사이즈 55~77까지 준비되어 있고 헤어와 메이크업도 전문가가 도와주시구요. 의상도 전문 컬러리스트가 함께 골라주시니 정말 예쁜 프로필 사진 나올 거예요."

"네, 저는 책표지에 프로필 사진 올릴 거라 정말 잘 나왔으면 하거든요."

"저희 스튜디오에 작가님들도 많이 오셔서 프로필 촬영하거든요. 그러니까 포즈나 이런 것도 부담 없게 촬영 기사님이 도와주실 테니 걱정하지 마세요."

"아, 그런데 5일에 혹시 예약 가능한가요?"

"일단 7월은 모두 예약이 차서 어려울 것 같은데 다시 연락드려도 될까요?"

그렇게 전화 상담을 마치고 10여 분쯤 지나서 다시 연락이 왔다.

"작가님, 저희가 프로필 사진만 찍는 것이 아니고 웨딩 촬영도 하고 있어서 5일은 정말 안 될 것 같고 19일에는 오후 웨딩 촬영 끝나고 촬영 기사님이 시간을 빼볼 수 있다고 하시는데 그날로 예약 도와 드릴까요?"

"네, 어쩔 수 없죠. 그래도 도와주셔서 감사합니다."

A와 B 업체의 상담이 끝나고 나는 고객에게 얼마만큼의 큐레이터 정신을 발휘하고 있는지 생각이 들었다. A 업체가 상담을 잘못한 건 아니다. 그들도 규정이라는 것이 있을 테니까. 하지만 B 업체의 경우는 최대한 고객의 입장을 생각해주고 도와주려고 하는 진심이 느껴졌다. 게다가

나를 안심시키는 화법까지 더하니 나의 마음은 B로 넘어갈 수밖에 없었다. 그래서 나는 조금 더 비싼 금액이었지만 B 업체를 선택했다. 나도 영업을 하는 사람으로서 퇴근 시간이 늦거나 업무 외 시간에 고객을 돕거나 하기는 어렵다. 하지만 B 업체는 자신들의 소중한 자유 시간은 고객에게 양보하고 수익을 냈다.

우리는 고객을 만났을 때 고객이 필요로 하는 부분에 대해서 최선의 것을 내어 주고 그에 따른 대가를 받는 영업인이다. 그래서 항상 고객을 만나기 전에 고민해볼 필요가 있다. 고객이 원하는 것이 무엇인지, 어떻게 찾아낼 수 있을지, 어떻게 고객의 의중을 파악해야 할지를 말이다. 요즘을 살고 있는 나부터도 유용하고 저렴한 것보다는 이득이 되고 가치 있는 상품을 선택한다. 우리 영업인들은 자신들의 이익보다는 고객이 가져갈 수 있는 이득에 초점을 두고 영업을 해야 한다.

05

명확한 영업 목표를 설정하라

“나는 뚜렷한 목표를 지닌 평범한 사람들이 자신이 무엇을 원하는지 제대로 모르는 천재를 이기는 모습을 여러 번 목격했다.”

– 브라이언 트레이시, 『목표 그 성취의 기술』

브라이언 트레이시의 저서 『목표 그 성취의 기술』에 있는 말이다. 성공한 영업인들은 강렬한 목표를 설정하고 이루어낸다. 같은 배경, 학벌, 직업 등이 비슷한 두 사람 중에 명확한 목표가 있는 사람은 그렇지 않은 사람보다 목표를 빠르게 이루어나간다. 이렇듯 명확한 영업 목표를 설정하면 목표에 대한 열정은 어마어마한 힘을 발휘하게 된다.

대부분의 영업인들에게 영업을 하면서 돈을 얼마나 벌고 싶은지 물었을 때 무작정 많이 벌고 싶다고 이야기한다. 구체적인 목표나 내용 없는 대답들이 대부분이다. 돈을 적게 벌고 싶다는 영업인은 한 번도 본 적이 없다. 아이러니하게도 돈은 많이 벌고 싶은데 열심히 일하지 않는 영업인들이 꽤 많이 있다. 이게 무슨 도둑놈 심보란 말인가. 그들은 왜 노력하지 않을까? 이유는 딱 하나다. 간절하지 않기 때문이다. 지금도 적당히 먹고살고 있기 때문이다. 지금까지도 그렇게 적당히 살아왔기 때문이다. 목표가 있을 때보다 목표가 없을 때 사람들의 삶이 훨씬 자유롭고 편안한 듯 보인다.

우리 집에는 강아지가 두 마리 있다. 훈련을 시킬 때 간식을 이용하여 목표에 대한 보상을 준다. 훈련이라는 목표를 주고 보상이라는 달콤한 간식을 받는다. 강아지들도 목표를 이뤄 보상을 받기 위해 주인에게 봉사하고 열심히 노력한다. 그런데 돈을 벌기 위해 일을 하러 나온 사람들이 목표도 없이 행동하지 않으면서 보상만 누리려고 하는 것은 비겁한 행동이다. 목표가 없는 행동은 그저 남에게 보이기 위한 의미 없는 행동으로 자신의 소중한 돈과 시간을 낭비하는 일이다.

성공한 영업인들은 자기만의 확실한 목표들을 가지고 있다. 내가 아는 법인 영업 본부장님은 자신이 근무하는 회사에서 손가락 안에 드는 성공한 영업인이다. 그분은 자신만의 영업 목표가 항상 정해져 있다. 책상에도 다이어리에도 SNS에도 목표가 빼곡히 적혀 있다. 그 본부장님이 근무하는 회사 근처에 갈 일이 있어서 간 김에 잠깐 들렀던 적이 있다. 커피를 한잔 마시며 신입사원들에 대한 이야기를 나누게 됐다.

"요즘 신입사원들은 별생각 없이 일하러 나오는 것 같아. 신입사원 3명이 입사해서 교육 중인데 왜 영업을 하겠다고 들어왔는지 모르겠어. 꿈도 없고 목표도 없고 의지도 없어 보여. 그냥 우리 회사 입사하면 월 1,000만 원 벌 수 있다고 해서 입사했다고 얘기하더라고."

"그럼 본부장님은 일하신 지도 꽤 됐고 성공했는데 아직도 목표가 있으세요?"

"당연하지. 내가 대학 졸업하자마자 보험사에 들어와서 지금까지 일을 하면서 목표가 없었던 적은 없어. 처음 입사했을 때는 사회 초년생인데 돈도 많이 받고 하니까 아무 생각 없이 월급 펑펑 쓰면서 살았던 적도 있지. 그런데 그건 잠깐이고 신나게 놀고 나면 항상 뭔가 허전하고 불안했어. 김 팀장도 알다시피 미래가 불투명한 직종이 영업이잖아. 그래서 어떻게 하면 많이 벌고 많이 쓸까 고민했지.

그때 당시 내 월급이 500만 원 정도였는데 그해 연말까지 꼭 내 월급을 1,000만 원으로 만들겠다는 다짐을 하고 일했거든. 그때 진짜 미친 듯이 일에만 집중했었어. 지금도 나는 매달 2,000만 원 정도의 기본 소득은 벌겠다는 마음으로 일하고 있어. 그리고 내가 딱 쉰 살이 되면 은퇴하고 내 생활을 즐길 수 있도록 준비하는 것도 내 목표야. 여담이지만 또 하나는 나는 원래 태생이 한량이라 노는 게 제일 좋은 사람이거든. 그리고 골프 치러 다닐 때가 너무 좋아. 그래서 나는 주 4일은 바쁘고 정신 없이 일하지만 내 생활도 즐겨야 하는 철칙이 있어서 남들이 주 6일, 7일 일하는 시간을 나는 주 4일에 끝내려고 더 바쁘게 움직이는 편이야. 그래야 내가 스트레스도 덜 받고 다시 일할 때 텐션이 올라가거든."

성공한 영업인들은 어떤 일이든 자신에게 주어진 일에 최고의 결과를 내기 위해서 미친 듯이 노력한다. 지금 결과가 나오지 않는 영업인이 있다면 새로운 목표를 설정해야 할 때가 된 것이다. 시대가 바뀌고 세대가 바뀌었으니 이제 스마트(SMART)하게 새로운 목표 설정을 할 수 있도록 안내할 것이다. 목표 설정 기법 중에 하나인 스마트 기법을 토대로 계획을 짜놓으면 훨씬 더 목표에 도달하기 쉬워진다.

첫 번째, Specific(구체적인). 명확하고 구체적인 목표일수록 이루어질 가능성이 높다고 한다. 예를 들어 '나는 돈 많이 벌 거야.' 혹은 '다이어트 할 거야.' 이런 식으로 막연하게 이야기하기보다는 '나는 3개월 동안 천만 원을 모을 거야.', '나는 한 달 동안 5kg을 뺄 거야.' 이렇게 구체적이고 명확한 목표를 설정하는 것이 좋다. 그렇다고 허무맹랑하게 말도 안 되게 높은 목표는 시작도 하기 전에 지친다는 것을 명심해야 한다.

두 번째, Measurable(측정). 목표 달성 여부를 판단하기 위해서 측정 가능한 목표를 세워야 한다. '오늘부터 영어 공부 열심히 할 거야.' '이제 저축 좀 해야지.' 측정 불가능한 목표보다 '오늘부터 토플을 공부해서 12월 시험에서 100점을 맞을 거야.' '크리스마스까지 통장에 천만 원을 저축할 거야.' 이처럼 수치를 활용하거나 명확한 사건들을 목표로 설정하는 것이 좋다.

세 번째, Achievable(현실 가능한). 너무 쉽게 이루거나 이루지 못할 정도의 희망 사항을 목표로 삼지 않아야 한다. 책이라고는 일 년에 한 번도 볼까 말까 한 사람이 새해 목표로 '나는 1년 동안 100권의 책을 읽을 거야.'라는 식의 과도한 목표는 쉽게 포기하게 되고 무너지는 경향이 있다. '나는 1년에 책을 12권 읽을 거야.' 이렇게 정하는 것이 현실 가능한 목표라고 할 수 있다.

네 번째, Relevant(관련 있는). 목표 설정은 내가 하고 있는 일과 관련 있는 목표를 우선순위로 두고 만드는 것이 좋다. '2021년 하반기에는 3W를 해낼 거야.' 나는 보험 영업을 하고 있으니 나와 관련 있는 목표를 만드는 것이다.

마지막 Time based(시간 기반). 목표 달성을 위한 기한이나 시간을 설정하는 것도 중요하다. 언젠가는 되겠지 하고 생각하면 절대 이루어질 일이 없다는 이야기이다. '나는 12월 31일까지 매일매일 3명의 고객과 미팅을 할 것이다.' 일 단위, 주 단위, 월 단위로 세분화시켜 목표를 설정하면 장기간의 목표를 설정했더라도 지치지 않을 원동력이 된다고 한다.

스마트하게 목표를 설정했다면 이제 매일매일 행동으로 옮기고 반복하여 수행하면 된다. 화려하게 빵빵 터지고 사라지는 불꽃 같은 열정보다 연탄처럼 오랫동안 꺼지지 않는 열정의 불씨가 우리의 인생을 바꿔줄 것이다.

우리는 어릴 적부터 사람은 목표를 가지고 살아야 한다고 배웠다. 그리고 모든 사람이 거의 동일한 목표를 적어놓고 살아왔다. 학창 시절의 목표는 대학에 가는 것, 사회에 나와서는 안정적인 직장에 입사하여 돈 많이 버는 것 같은 일반화된 목표만 가지고 있을 것이다. 하지만 우리가 아는 목표는 목표라고 할 수 없다. 그것은 사회가 만들어놓은 프레임일 뿐이다. 우리는 과거부터 목표의 대부분은 이루어지지 않거나 포기하는 것에 익숙해진 사람들이다. 그렇게 우리는 포기하는 것에 익숙해져 목표를 잘 만들어놓고도 몇 번 시도하다 잘 안 되면 이건 내가 할 수 없는 일이야 하며 포기해버린다.

이제 우리는 어엿한 성인이고 영업인이다. 지금 내가 성공하지 못하고 있다면 변화시키고 발전시켜야 한다. 한 단계 더 높은 수준으로 비상하기 위해서 어느 정도 이상의 절대적인 시간과 노력이 필요하다. 영업이 아니더라도 전문가가 되기 위해서는 1만 시간의 연습이 필요하다고 했다. 한 분야에서 최고 중의 최고가 되려면 그냥 열심히 하는 것이 아니라 미친 듯이 열심히 해야 한다는 것을 알려주는 의미이다.

우리가 설정해놓은 목표를 반복적으로 실행하다 보면 경험을 통해 목표에 도달할 수 있음을 알 수 있다. 성공한 영업인들은 목표 없이 일하지 않는다. 목표가 이뤄지면 성과는 자연스레 나의 통장에 꽂힌다. 우스갯소리로 '영업에서는 직급은 필요 없고 실적이 깡패다.'라는 말을 한다. 영업은 성과를 내야 인정받는 직업이다. 그렇기에 성공한 영업인들은 최선을 다하고 최고의 결과를 끌어내기 위해 끊임없이 연구하고 노력한다. 우리는 성공한 영업인이 되기 위해서 제대로 된 목표를 설정했다. 목표를 설정하고 이루어내는 것도 습관이다. 자신이 설정한 목표에 단 한 번이라도 성공한 사람은 성취의 달콤함을 느끼며 승승장구할 것이다.

06

죽기 살기로 연구하고 벤치마킹하라

예전에는 벤치마킹이라고 하면 무조건 따라 한다는 의미로 해석되었다. 하지만 요즘 시대의 의미로 해석하면 가져다 적용할 만한 내용을 찾아 업그레이드 하는 것이다. 사업을 시작하거나 비즈니스를 할 때도 나만의 콘셉트를 찾는 것이 어렵다면 먼저 시작하고 성공한 사람들의 연구와 경험을 공부하는 것이 시작이다. 벤치마킹에 대해 상반된 의견들이 분분하다. 하지만 처음 무언가를 시작할 때 최고의 전략은 모방이다.

모방은 창조의 어머니라는 말도 있지 않은가. 애매하게 실패하느니 모방하여 내 것으로 만들어가는 것이 훨씬 안전하다. 영업도 마찬가지다.

내가 하는 영업이 예전에는 나름 성과가 좋았지만 지금은 좋지 않다면 성공하고 있는 영업자를 벤치마킹해야 한다. 무조건 내가 고수해오던 방식으로 밀고 나가면 폐업밖에 답이 없다.

우리가 집에서 쉽게 사용하는 전자레인지도 벤치마킹으로 성공한 상품이다. 미국의 R사에서 처음 개발되었을 때는 주로 상업용으로만 사용되었으며 성공적인 상품이 아니었다. 그러나 일본의 R사가 기술을 보완해 가정용으로 개발하면서 세계 시장을 석권했다. 그 이후 S사가 다시 기술을 보완하여 세계 시장을 주도하게 되었다. S기업이 바로 삼성전자이다.

한 기사에서 "이것은 역설계의 극치를 이룬 역사적 사례이다. 삼성전자는 세계 최고 기업들의 전자레인지를 관찰하여 가장 좋은 특징들만 모아 디자인한 제품을 저원가로 생산하여 가격에 민감한 미국 시장을 장악해버렸다." 이렇듯 타인의 생각에서 얻은 아이디어도 성공할 수 있다는 말이다.

법인 영업을 하며 내 파트너와 유튜브를 제작하기로 했다. 우리가 유튜브를 제작한다고 했을 때 주변의 많은 사람들은 굳이 레드오션에 발을 들여가는 무모한 도전을 하느냐고 말렸다. 또 누가 보험을 유튜브로 보고 있냐고 핀잔도 줬다. 유튜브 제작을 하려니 모르는 것이 너무 많았다. 블로그나 카페 같은 마케팅은 여러 번 접한 적이 있어 어렵지 않았다. 하지만 유튜브는 전혀 생소한 방식이라 나는 편집 수업을 수강하기로 했다. 그래서 일단 나는 유튜브 채널을 운영하면서 영상 편집 초보 특강을 하는 강사에게 편집을 배웠다.

그런데 막상 찍으려고 하니 어떤 방식으로 이야기를 풀어나가야 할지 막막했다. 그래서 파트너와 다시 여러 보험 유튜버들을 벤치마킹하기로 했다. 파트너는 열심히 가장 잘 나가는 보험 영업인의 유튜버를 벤치마킹하기 시작했다. 성공 대열에 있는 보험 유튜버와 다른 여러 보험 영업인들의 유튜브를 하나씩 조사했다. 나는 영상 내용의 장점과 단점을 분석하고 어떤 식으로 촬영할지를 기획했다. 파트너는 출연자의 강의를 연구하고 제스처나 대사도 흉내내는 연습을 했다. 그리고 우리가 촬영할 주제는 경쟁자의 영상에서 가장 많은 조회 수가 있는 주제로 골라냈다.

우리가 따라 할 수 없는 영역에 대해서는 과감하게 버리고 각각의 영상들의 장점만을 모두 모았다. 그리고 우리는 어설프게나마 영상을 찍고 편집해서 첫 영상을 올렸다. 일주일에 두세 편의 영상을 꾸준히 올렸다. 그렇게 차근차근 이미 성과를 내고 있는 다른 영업인의 영상에서 우리가 필요한 부분들을 뽑아가며 영상을 제작했다. 느리지만 조금씩 구독자가 생겨났다. 구독자가 생기는 걸 보니 너무 신기했다. 그리고 점점 욕심이 생겼다. 유튜브 구독자 수를 늘리는 방법이 나와 있는 책도 읽어보고 검색도 해보고 열심히 공부했다. 상담이 끝날 즈음 대표들에게 보여주고 구독을 누르게 했다. 그리고 우리는 이렇게 믿을 만한 컨설턴트라고 안내하자 유튜브 채널이 우리의 명함이 되기도 했다.

지금은 보험 유튜브를 운영하고 있지 않다. 초반 법인 영업을 시작했을 때 유튜브를 제작한 경험은 지금 영업에 필요한 다른 마케팅을 시도할 때도 내게 큰 도움이 되고 지식의 일부가 되었다. 영업을 할 때 성공하는 영업인과 실패하는 영업인은 한 끗 차이다. 영업은 돈이 안 되는 직업이라 탓하지 말라. 영업은 열심히 한다고만 잘하는 것이 아니다. '열심히'에 '영리하게'를 잘 더하는 영업인이 성공한다.

영업을 하면서 늘 나를 고민하게 만들던 부분이 있다.

'오늘은 누구를 만나지? 어디로 가야 하지? 고객을 찾기에 좀 더 쉬운 방법은 없을까?'

인터넷을 검색해서 다양한 방법을 찾아보기도 했다. 요즘은 DB를 판매하는 업체들도 많고 또 회사에서 지원해주는 경우도 많다. 그래서 DB를 받아서 체결률이 꽤 좋은 선배에게 구걸도 했었다. 선배에게 배워서 DB를 구매했다. 하지만 정말 몹쓸 DB가 많아서 지출한 금액 대비 이득이 없는 편이었다. 그래서 나는 DB를 스스로 만들 수 있게 알려주고 억대 연봉을 가능하게 해준다는 강의도 들은 적이 있다. 하지만 크게 도움이 되지 않았다.

어릴 적부터 나는 뭔가 새로운 것을 배우는 것을 굉장히 좋아했다. 악기가 되든 공부가 되든 어떤 것이라도 새로운 것을 받아들이는 것에 두려움이 없었다. 한 분야를 배울 때마다 나에게 소중한 경험이 되고 추억이 되었다. 그런 배움들이 살면서도 도움이 된 적이 많았다. 나는 영업을 하면서 어떻게 하면 더 잘될 수 있을까를 항상 고민해왔다.

영업에 관한 책부터 특강, 세미나, 컨설팅 등을 들으러 다녔다. 처음 그런 강의를 들으러 갔을 때는 무료 수강이나 저렴한 강의를 찾아서 들었다. 정말 쓸데없는 내용의 강의들도 있었지만 저렴하지만 좋은 내용의 강의들도 많았다. 강의를 듣다가 내가 간절히 바라던 정보 하나만 얻어도 값진 시간이라 생각했다.

인터넷을 검색하다 보니 요즘 대한민국은 퍼스널 브랜딩 신드롬 앓이 중이라고 했다. 나도 항상 영업을 하면서 나를 브랜딩 할 수 있는 요소가 무엇이 있을까 고민하다 우연히 인스타그램에서 〈한국책쓰기1인창업코칭협회(이하 한책협)〉의 1일 특강이라는 것을 보게 되었다. 예전에 어느 강의에서 강사가 자신의 책을 쓰기 위해 1년을 고생하다 결국에는 코칭을 받았었다는 얘기가 문득 떠올랐다. 그래서 나는 지체 없이 1일 특강을 신청했다. 그리고 〈한책협〉의 김도사님의 저서 『내가 100억 부자가 된 7가지 비밀』을 읽게 되었다. 고난과 역경 속에서도 수많은 베스트셀러를 포함해 250여 권의 책을 집필하시고 10년간 1,100여 명의 작가를 배출하여 명실상부 대한민국 최고의 책 쓰기 코치가 되셨다.

1일 특강을 듣고 있는 내내 김도사님의 말씀 하나하나가 항상 외롭고 가난했던 내 마음을 알아주는 것 같았다. 역시나 김도사님은 책 쓰기 과정 중에 단 한 번도 진심이 아닌 마음으로 코칭하신 적이 없다. 한결같이 제자 한 명, 한 명을 보듬고 안아주셨다. 김도사님이 늘 말씀하시는 것처럼 처음부터 끝까지 목숨 걸고 코칭을 해주셨다. 늘 응원과 칭찬을 주시며 나도 충분히 잘할 수 있음을 계속 일러주셨다. 김도사님은 책 쓰기 과정만 가르치시는 것이 아니라 내가 앞으로 살아가야 할 방향과 의식의 변화까지 진심을 다해 코칭해주셨다.

내가 사회생활을 하고 여러 사람들을 만나왔지만 가장 존경하는 사람이 누구냐고 물어본다면 김도사님이라고 말할 수 있다. "성공해서 책을 쓰는 것이 아니라 책을 써야 성공한다."는 도사님의 말씀은 빈 말이 아니다. 〈한책협〉의 김도사님이 계셨기에 나는 영업뿐 아니라 작가의 길도 함께 걸어가게 되었다. 또한 기꺼이 나를 성장시켜주는 발판이 되어주신 분이 김도사님이다.

이노우에 히로유키의 저서 『배움을 돈으로 바꾸는 기술』에 이런 내용이 있다.

"인생의 가치, 인생의 성패는 배움의 질과 양으로 결정된다."

성과를 원한다면 그리고 돈을 벌고 싶다면 의식을 바꾸는 배움을 지속해야 한다고 말한다. 대한민국은 이제 개발도상국에서 선진국의 대열에 올라섰다. 이 의미는 사람들의 의식 수준도 높아지고 경제력도 나아졌다는 의미이다. 이렇게 바뀐 시대에 다수의 영업인들은 과거의 영업 방식을 벗어나지 못하고 있다. 우리가 만나는 지금의 고객들은 지식의 수준도 상당히 높아졌고 많은 정보를 접하면서 살아가고 있다. 빠르게 변화하는 시대에 적응하지 못하면 도태될 수밖에 없다.

정보의 홍수에 살고 있는 고객이지만 그래도 항상 목마름을 갈구하는 것이 고객이다. 고객의 갈증을 해소해주기 위해서 영업인도 꾸준히 공부하고 연구해야 한다. 인터넷만 들어가도 고객 스스로 설계할 수 있는 시스템이 있는데 고객이 영업인을 찾는 이유가 뭘까? 바로 고객은 자신에게 맞는 최적의 상품을 불편함 없이 얻고 불필요한 에너지를 쓰고 싶지 않기 때문이다.

고객에게 다가가고 싶다면 나를 변화시켜야 한다. 오늘과는 다른 내일의 성공을 위해서 시간이 걸리고 익숙하지 않겠지만 변화시켜야 한다. 끊임없이 연구하고 벤치마킹하지 않으면 돈이고 성공이고 없다. 연구하고 벤치마킹하고 실천만 할 수 있다면 당신은 상위 1%의 성공한 영업인이 될 수 있다.

07

혈연, 지연, 학연으로 계약하지 마라

내가 처음 손해보험회사에 입사했을 때의 일이다. 나는 처음부터 내가 보험 영업을 하고 있다는 것을 아무에게도 알리지 않고 시작했기 때문에 지점장에게 부탁했다. 지인 영업은 절대 할 수가 없다고. 나와 함께 입사하여 동기가 된 여동생이 있다. 같이 입사하고 알고 보니 같은 동네 주민인 것을 알고 급격하게 친해졌다. 내가 아이를 어린이집에 데려다줄 때부터 같이 출근하고 같이 퇴근하는 사이가 되었다. 우리 회사는 처음 입사를 하면 3개월 동안은 고아 계약과 본사 문의 고객의 상담을 지원해줬다. 그 동생은 과거에 보험 텔레마케터로 근무를 했었기에 굉장히 자신있어 했다.

6개월 정도 같이 지내다 보니 거의 가족과 다름없을 정도로 친해졌다. 우리가 입사했을 때 신입이 그 동생과 나밖에 없어서 우리는 신입 지원을 6개월 동안 받게 되었다. 매일매일 꾸준히 나오는 지원은 아니었지만 고객을 구하러 다녀야 하는 절박함은 덜했다. 그 친구와 나는 영업 방식도 비슷했고 고객 응대 마인드도 비슷했다. 동생과 점심을 먹는데 동생이 월 마감을 걱정하고 있었다.

"저번에 만난 고객은 청약 안 한대?"

"그냥 해주시면 좋은데 생각 좀 해보신대요. 그래서 큰일이에요. 그거 생각하고 맘 좀 편히 있었는데 마감 P가 모자라요. 고거 8P 때문에 월급이 달라지면 완전 짜증나잖아요."

"그렇지. 8P면 2주 동안 점심 값인데. 아깝다. 그 고객한테 다시 연락해봐."

마감을 걱정하며 점심을 먹고 사무실에 들어갔다. 동생이 갑자기 전화를 한 통 받더니 외근을 다녀오겠다고 했다. 그리고는 그다음 날 청약을 받아왔다.

"갑자기 숨겨둔 애인이 나타나서 도와준 거야?"

"아뇨, 저랑 제일 친한 친구요. 전화 통화하다가 푸념했더니 자기 아들

둘이랑 남편이랑 자기 것까지 설계해오라고 해서 갔더니 사인해주더라구요."

"아, 다행이네, 그럼. 친구 덕분에 살았네."

그렇게 그 동생은 네 가족의 계약을 넣고 다음 달 두둑한 월급을 받았다. 그렇게 시간이 지나고 갑자기 동생 친구가 돈이 좀 모자라서 이번 달은 보험료를 못 낼 것 같다고 연락이 온 것이다. 동생은 한 달 정도는 괜찮다고 걱정하지 말라며 다독였다. 그런데 갑자기 총무님이 동생을 불렀다.

"A 고객님, 지난달도 보험료 납부 안 하셔서 이번 달에 납부 안 하시면 실효되니까 안내해주세요."

동생은 당황하기 시작했고 혹시라도 실효가 되면 환수가 나올 것을 걱정했다. 동생이 친구와 연락을 했는데 도저히 방법이 없어서 해지해야 될 것 같다고 했다. 가입한 지 3개월 만에 해지하면 큰 금액의 환수도 환수이지만 유지율에 문제가 생겼을 때 청약을 넣지 못하게 막는 회사 시스템이 더 큰 걱정이었다. 결국 동생의 친구는 계약을 해지했고 동생은 환수와 함께 유지율이 40% 가까이 떨어졌다. 결국 동생은 입사한 지 10개월 만에 해촉했다.

2021년 통계에 따르면 보험 설계사로 입사한 인원들이 1년 안에 60% 이상 퇴사한다고 한다. 구인 광고의 과대광고를 보고 입사하는 경우도 있고 돈 벌어보자는 열정으로 영업을 시작하는 경우도 있다. 대부분의 초보 설계사들은 처음부터 만날 고객이 없으니 지인을 대상으로 영업을 하게 된다. 아무리 인맥이 좋고 발이 넓다고 해도 1년 이상 만나러 다닐 지인은 없을 것이다. 지인들을 상대로 편하게 영업하게 된다. 그러나 지인 영업만 하던 설계사들은 일반 고객들이 부담스럽다. 수입은 점점 줄어들고 결국에는 포기하게 되는 것이다.

내 첫 회사는 그런 시스템이 없었지만 대부분의 보험회사는 입사를 하게 되면 숫자가 쭉 적혀 있는 리스트를 주며 100명의 지인 리스트를 작성하도록 한다. 그리고 약속을 잡아 매일매일 누구를 만났는지 고객 약속을 잡는 통화까지 확인하는 곳도 있다고 한다. 그리고는 우리가 하는 일은 잘못 가입되어 있는 보험을 바로 잡을 수 있도록 고객들에게 도움을 주는 사람이라고 세뇌한다. 분명히 잘못된 영업 방식이다. 하지만 절대 없어지지 않을 영업 방식이기도 하다. 이런 식으로 치고 빠지는 영업 방법으로 인해 가장 피해를 보는 건 고아 계약이 된 지인들이다.

우리 지점장이 처음으로 입사한 회사에서 교육을 받았을 때 일이라고 이야기를 들려줬다. 교육 중에 고객 리스트를 적고 가족들 보험 증권을 가져오라고 했다. 담보를 설명하기 위해서 가장 좋은 방법이 내 가족이 가입하고 있는 보험이 어떤 것인지로 설명해주는 것이 빠르다면서 말이다. 매니저가 가족 증권으로 교육을 했다. 이런저런 담보들이 있는데 우리 회사가 보장 금액도 크고 좋다고 바꾸라고 했다. 신입 설계사들이 뭘 알겠는가. 교육을 하던 매니저가 보장도 튼튼해지고 본인 급여도 두둑해지고 좋은 거라고 가르쳤다고 한다.

한 번, 두 번 가족 계약을 맛본 한 신입 설계사가 계약이 없을 때마다 가족을 끌어다 가입을 시켰다. 그런 식으로 영업을 하니 고객을 만나러 나갈 필요성을 느끼지도 못했다. 편하게 일할 수 있으니 고객을 만날 생각도 없었다. 그렇게 사돈의 팔촌까지 다 끌어모아 영업을 하고 나니 이제는 기댈 곳이 없어졌다. 급여는 점점 줄어들게 됐다. 그런데 아무리 가족, 지인 영업이라고 하더라도 3개월, 6개월 보험료 대납을 약속하고 가입을 진행한 터라 빚이 쌓이고 쌓여 회사에서 쫓겨난 케이스가 있는데 지점장과 동기였다고 한다.

이런 식의 영업은 여러 사람을 불편하게 만들 수밖에 없다. 믿었던 사람에게 배신당한 것 같은 좌절감을 느끼는 영업인과 자신을 속였다며 개탄스러워하는 지인과의 관계는 그걸로 끝이다. 지인에게 영업을 하게 되면 일단 설명은 생략하게 되고 궁금한 걸 물어봐도 별로 달갑지 않다. 게다가 친한 사이라고 허물없이 막말해가며 술 한잔 해가며 받아오는 계약은 유통기한 6개월임을 기억하기 바란다.

나랑 아주 친한 친구를 통해 같이 친해지게 된 언니가 있다. 그 언니는 별로 유명하지 않은 다단계 업체 같은 곳에서 일을 했다. 같이 모여서 식사를 하던 자리였다.

"얘들아, 나 이번에 실적 좀 있어야 되는데 너 혹시 화장품 한 세트 안 사줄래?"

"언니, 저 피부가 약해서 화장품 잘못 쓰면 큰일 나요."

"맞아. 언니, 유나 화장품 잘못 쓰면 다 뒤집어져요."

"우리 회사 제품 진짜 좋아. 한 번 써본 사람들은 다 좋다고 난리야. 유나랑 지원이랑 한 세트씩 사주면 진짜 고맙겠다."

"그러니까 제품이 어떻게 좋아요? 알아야 결정을 하죠."

"내가 너네한테 이상한 거 팔겠니? 이거 식물성이라서 촉촉하고 진짜 좋은 거야."

나와 내 친구는 할 수 없이 언니에게 화장품을 구매했다. 그리고 나는 두세 번 정도 사용을 해보았는데 얼굴이 다 울긋불긋하게 올라왔다. 나는 언니에게 전화를 했고 언니는 화장품이 천연 제품이라 처음에 바르면 명현 현상이 일어날 수도 있다고 했다. 그런데 며칠이 지나도 울긋불긋한 얼굴은 가라앉지를 않았고 나는 결국 피부과를 방문했다. 피부과에서는 천연 제품이라고 하더라도 화학 성분이 들어가 있을 수도 있고 그 화학 성분으로 인해 자극을 받은 것일 수도 있다고 했다. 나는 언니에게 전화를 걸었다.

"언니, 언니한테 산 화장품 저한테 안 맞나 봐요. 지금 피부과 다녀오는 길이에요. 이거 화장품 못 쓸 것 같은데 어떻게 하죠? 개봉했으니 환불은 안 될 것 같고. 괜히 샀나 봐요."

"너한테 안 맞으면 엄마 쓰시라고 주든가, 다른 사람 주면 되잖아."

나이 차도 좀 나는 언니에게 뭐라고 할 수도 없었지만 매우 기분이 상했다. 화장실 들어갈 때랑 나올 때랑 다르다더니 그 말이 딱 맞았다. 본인 실적 때문에 판매한 후에 고객이 문제가 생기니 이런 식으로 응대하는 방법도 마음에 들지 않았다. 만약에 내가 전혀 모르는 고객이어도 저런 식의 반응이었다면 절대 영업을 하면 안 되는 사람이다. 그러나 분명 내가 언니의 지인이기 때문에 편하게 생각해서 그런 거라고 생각한다.

지인이기 때문에 아무런 설명도 없이 본인만 믿고 구매하라고 강매를 한다. 지인에게 계약을 하거나 물건을 구매했을 때 혹시라도 문제가 발생하면 서로가 껄끄러워지는 상황이 된다. 물론 나처럼 큰 금액이 아닌 물건이라면 크게 상관없지만 보험이나 투자 이런 비용 부담이 발생하는 경우는 서로가 서로를 원망하는 과정을 밟을 수밖에 없다. 다행히 나는 아직까지 단 한 번도 지인에게 영업을 해본 적은 없다. 앞으로도 그럴 일은 없을 것이다. 성공을 꿈꾸고 보험회사에 입사한다면 죽고 못 살게 친했던 지인이 타인으로 변하는 순간을 맞이하는 일이 생기지 않기를 바랄 뿐이다.

08

시시각각 변심하는 고객의 마음을 읽어라

"변덕쟁이 '고객' 맘에 들려면 소 잡을 때조차 소의 입장이 돼라!"

미국 동물학자 템플 그랜딘의 말이다.

많은 기업이 슬로건처럼 외치는 말이 '고객 중심', '고객 최우선', '고객이 가장 중요하다.'이다. 요즘은 프로슈머(Prosumer : 전문가 못지않은 식견을 지닌 고객)의 등장과 더불어 소셜네트워크서비스(SNS)를 통한 고객 파워가 막강해졌다. 이런 상황에서 고객이 중요하지 않다고 할 기업이 한 곳이라도 있을까. 문제는 어떻게 하는 것이 고객을 위하는 방법인지 터득하는 것이다. 90도 폴더인사를 하며 친절한 서비스를 하면 되는 걸까. 고객이 원하는 것을 다 들어주는 헌신적 대응이면 될까.

이것저것 추가 혜택에 가격도 대폭 할인, 기업이나 자영업자는 무조건 고객에게 퍼준다고 고객들이 감사하는 마음을 가지고 있을까 싶다. 하지만 요즘 고객은 갑보다 높은 위치에서 말도 안 되는 요구를 한다. 항공기에서 상냥한 미소로 극진히 모셔도 땅콩 봉투를 안 뜯어줬다고 '너 따위가 감히'가 된다. 헤어살롱에서 다과에 무료 헤어 클리닉까지 최고의 대우를 해줘도 주차 할인권 하나 덜 주면 맘카페 블랙리스트 1위가 된다. 그렇다면 비용은 어디까지 깎아줘야 만족할 수 있을까. 기업이나 자영업자가 고객의 마음에 드는 건 지옥에 가서도 가장 어려운 숙제다.

이것은 영업인에게도 마찬가지다. 과거에 무조건 친절하게 고객이 원하는 것을 해주면 된다는 식의 영업 방식이 지금의 사태를 만든 것일 수도 있다. 지금 영업인에게 갑과 을을 만든 것은 영업의 고인물이 그 원인이 된 것이다. 이제라도 깨어 있는 영업인들이 '영업인도 갑이다'라는 것을 보여주는 것이 나는 너무나 행복하다.

예전에 내가 웨딩 촬영을 하기 전, 마사지 숍을 방문한 일이 있다. 나는 웨딩케어라고 해서 웨딩 촬영 전까지 주 1회로 마사지를 받는 프로그램이었다. 두 번째로 방문해서 마사지를 받기 위해 미지근한 수건을 얼굴에 대고 누워있을 때 큰소리가 났다.

"그럼, 그 이야기를 진작 해줬어야지. 이제 와서 이렇게 하면 나보고 어쩌라고? 나 지금 굉장히 불편하거든? 내가 이상한 사람인 거야? 매니저 불러."

보이지는 않지만 뭔가 불만을 가득 안고 이야기하는 손님이 있었다. 잠시 후에 나를 담당하는 테라피스트가 왔길래 무슨 일인지 물어봤다.

"왜 이렇게 시끄러워요? 무슨 일 있어요? 들으려고 한 건 아닌데 자꾸 들려서 듣게 됐어요."

"특별한 일은 아니구요. 서비스 혜택을 오해하신 것 같아요. 신경 쓰지 마시고 편히 쉬다 가세요."

나중에 이야기를 들어보니 마사지 숍에 회원으로 등록하시고 다니시는 분이 계셨다. 자주 숍에 들르시고 항상 재등록을 하시는 분인데 이번에도 재등록을 하셨기에 담당 테라피스트가 서비스를 해준 모양이었다. 테라피스트는 마사지를 하며 불편한 곳이 없는지 의사를 재차 확인했고 고객은 괜찮다고 했던 모양이다. 그 회원이 재등록을 했기에 감사한 마음에 원래는 추가 비용을 받는 부분을 서비스해준 것이다. 테라피스트는 자신을 다시 지명해줬다는 감사한 마음에 서비스를 제공했고 서비스 부분에 만족하느냐고 의사까지 확인했다고 한다.

"원래는 추가 요금을 받는 부분이지만 이번에 다시 또 저를 찾아주시고 감사해서 서비스로 가슴 마사지 해드릴게요. 마사지 받으시는 동안 불편하신 부분 있으면 말씀해주세요."

"불편한 곳은 없고 잘 해주세요. 그런데 지금 쇄골 아래쪽 부분이 약간 뻐근하니 신경 써 주세요."

마사지 받으실 때는 괜찮다고 고맙다고 하시면서 서비스를 받고 나가셨다. 그런데 그날 저녁 마사지를 너무 못한다고 신도시 맘카페에 올려서 고객들이 말이 많아졌다고 했다. 첫날 서비스해줄 때는 너무 좋다며 강추한다고 글을 올려서 감사한 마음에 자신이 해줄 수 있는 것을 다 해줬다고 한다. 그런데 갑자기 두 번째 서비스를 받고 후기를 올렸을 때는 숍 매니저에게는 고객도 몰라보는 여자로, 테라피스트는 성의 없는 마사지사로 클레임을 걸어서 테라피스트 본인도 너무 황당할 지경이라 했다.

내가 방문한 날의 이야기를 들어보니 담당 테라피스트가 그 고객을 관리하고 있었다. 테라피스트는 지난번 가슴 마사지가 불편했다는 것을 파악하고 일부러 불편한 부분을 피해서 열심히 마사지를 끝냈다.

"왜 지난번처럼 마사지를 해주지 않아요?"

"지난번에 고객님이 쇄골 아래쪽 라인은 불편하시다고 해서 일부러 그 부분은 피해서 마사지 해드렸어요."

"그래도 해주던 것은 계속 해줘야지 왜 쏙 빼먹고 그래요?"

"고객님, 가슴 마사지는 원래 해주던 서비스가 아니라 고객님도 아시다시피 추가 비용을 내는 부분인데 제가 서비스로 해드린 거라고 그때도 말씀드렸는데요. 게다가 고객님이 그 부분은 불편하다고 하셔서 다른 부분을 더 중점적으로 서비스 해드렸고요."

"그럼 그때 추가 비용이 들어가는데 서비스로 해주는 것이라고 말씀을 했어야죠. 그때는 아무런 말도 없더니 제가 회원권 재등록하니까 돈줄인가 싶으세요?"

상황을 잘 몰랐던 나도 고객이 억지를 부리는 것 같았다. 하지만 고객만 나무랄 수는 없다. 고객은 늘 자신이 듣고 싶은 이야기만 듣는다. 테라피스트와 고객은 오해를 풀어야 한다. 항상 고객은 나보다 모르고 세상을 모른다고 생각하고 처음부터 차근차근 이야기해줘야 한다. 회원권을 재등록했다고 감사한 마음에 서비스를 해줬지만 고객은 자신이 재등록을 했기 때문에 프로그램이 조금 더 달라졌을 거라 생각할 수도 있다. '나 여기 좋아서 재등록했으니까 니들이 알아서 서비스 좀 팍팍 해줘.'라고 말이다. 테라피스트와 고객은 접점이 없던 것이다.

이제는 세상이 달라졌다. 친절함과 퍼주기식 서비스는 다가 아니다. 업주나 기업이 아무리 퍼주고 싶어도 그에 타당한 내용을 밝히고 퍼줘야 고객은 알아듣는다. 고객이 진정으로 원하는 것이 무엇인지, 고객을 어떻게 도울 수 있는지에 대한 답을 먼저 찾아내서 고객에게 알려줘야 한다 정!확!히! 우리 역시 고객의 시각으로 시선을 돌려야 한다. 나만 아는, 우리 가게만의 언어 말고 고객이 알아들을 수 있는 정!확!한! 내용으로 전달해야 한다. 말로는 고객이 먼저라고 하지만 현실은 내가 판매하는 상품, 우리 회사, 나의 입장에서 바라보고 이야기했을 것이다.

미국의 대표 패스트푸드 업체 맥도날드는 한때 밀크쉐이크 때문에 고민이 깊었다. 고객 분석을 하고, 설문 조사를 해도 여러 테스트를 거쳐도 밀크쉐이크에 대한 판매량이 늘지 않았던 것이다. 더 달게 해야 하나. 더 부드럽게 해야 하나. 뾰족한 수가 나오지 않았다. 그래서 담당이었던 제럴드 버스텔은 사무실을 박차고 나와 맥도날드 매장에 죽치고 앉았다. 그리고 몇 날 며칠 동안 고객을 관찰했다. 누가, 언제, 어떤 용도로 사는지 고객의 입장에서 바라봤다. 제럴드는 여기서 새로운 사실을 발견했다. 밀크쉐이크 10잔 중 4잔이 아침 출근 시간에 팔린다는 것이었다. 특히 차를 타고 받아가는 드라이브스루(Drive Thru)에서 말이다. 흔들리는 차 안에서 먹어도 쏟아지지 않기 때문에 아침에 먹기에 제격이었던 것이다. 이제 답이 나왔다. 고객은 밀크쉐이크를 아침 대용으로 생각하고 구매를 했던 것이다. 그럼 어떻게 해야 밀크쉐이크 판매량을 올릴 수 있을까 하다가 곡물이나 시리얼을 섞어서 더 걸쭉하고 든든한 한 끼로 만들었다. 그리고 대성공이라는 결과를 얻었다.

오로지 상품만 바라보며 고민하는 것은 시간 낭비일 수 있다. 고객의 삶속으로 깊숙이 들어가 그들의 시각으로 바라봐야 답이 나온다. 우리 영업인들도 마찬가지이다. 사무실에 처박혀 앉아서 회사에서 주는 상품 설명서나 보고 있는 것은 시간 낭비일 뿐이다. 고객의 입장에서 하나라도 더 고객이 원하는 것을 끄집어낼 방법을 찾는 일이 가장 중요하다.

자고 일어나면 기술이 바뀌고 세대가 바뀌고 시대가 바뀐다. 그런데 왜 우리 영업인들이 하는 일은 아직까지 바뀌지 않을까? 그 답은 하나다. 내 에너지를 소비하는 것이 귀찮은 것도 싫고 이토록 편한 생활을 굳이 바꾸고 싶지 않은 꼰대 영업 마인드가 서려 있기 때문이다. 나는 갑의 영업도 을의 영업도 추구하지 않는다. 인생이든 영업이든 갑이 될 수도 을이 될 수도 있다. 다만 이토록 빠르게 변해가는 세상 속에서 고객이 우왕좌왕하지 않게 중심을 잡아주는 기둥이 되는 영업인이 되길 바란다.

SALES SKILLS

3장

실적이 올라가는 끌리는 멘트 7가지

01

정중하게 말하지 말고 자잘하게 말하라

요즘 우리는 엄청난 양의 정보의 홍수 속에서 살고 있다. 우리가 하루에 받아들이는 정보의 양은 5만 가지가 넘는다고 한다. 이런 수많은 정보들이 다양한 매체에서 미친 듯이 흘러나온다. 물건을 하나 구매하고자 해도 여기저기 비교하고 리뷰까지 완벽하게 파악한 후 구매를 결정한다. 그래서 우리가 고객을 만났을 때 고객은 이미 많은 정보를 가지고 우리를 시험한다. 하지만 우리는 고객에게 고객의 결정이 맞는 것이고, 나에게 잘 찾아왔음을 확인시켜주면 된다.

고객에게 다 알려주고 싶고 충실하게 모든 걸 설명해주고 싶은 마음은 이해한다. 하지만 장황한 설명이 고객을 떠나보내게 할 수도 있다. 세상

모든 사람들은 어렵고 복잡한 것을 좋아하지 않는다. 정중하게 복잡하게 말하지 말고 심플하고 자잘하게 말하는 것이 훨씬 더 효과적인 영업 멘트가 될 수 있다. 자동차는 시승을 해보고 화장품은 테스터로 판매가 가능하다. 의류는 모델이 멋지게 소화해낸 모습을 보여주면 된다. 하지만 우리처럼 무형의 상품인 보험을 판매하는 영업인들은 보여줄 것이 없어 설명하기가 어렵다.

신입 영업인일 때는 고급스럽고 우아하고 거창한 단어를 선택해서 쓰면 굉장히 전문적으로 봐줄 거라고 생각했다. 그래서 일부러 영어 단어도 넣어가면서 전문 용어도 써가면서 고객 앞에서 잘난 척을 한 적도 있다. 고객은 내 말만 하는 나를 보며 점점 흥미가 떨어졌으리라. 나는 그런 줄도 모르고 나를 밀어내는 고객들이 나쁘다고만 생각했다. 게다가 보험을 판매하면서도 머릿속에 남는 설명보다 '좋아요, 최고예요, 든든해요' 같은 추상적인 말만 되풀이하고 있었다. 예를 들면 다음과 같다.

"한국인의 사망 원인 1위가 암이라는 것은 알고 계시죠? 이번에 저희 회사에서 소액암도 일반암으로 보장해주는 진짜 모든 암을 보장해주는 암 보험 상품이 새로 출시됐는데 진짜 좋아요. 타사보다 보장 금액도 크고 월 납입 보험료도 저렴해졌어요. 그런 일이 있으면 안 되겠지만 혹시라도 암 진단을 받게 되면 가족들은 어떻게 될까요? 이번 기회에 가족들을 위해서라도 가입하시는 건 어떨까요?"

내가 상담할 때 했던 말이지만 단 하나도 귀에 꽂히거나 기억에 남는 말이 없다. 그저 회사에서 교육받은 내용 그대로 줄줄 읊었으니 고객들 또한 알아차렸을 것이다. 저런 막무가내 상담을 했음에도 가입해주신 고객님들께는 지금도 무한한 감사를 드린다. 무형의 상품을 판매하는 우리는 고객이 상상할 수 있도록 이미지화되게 말하는 것이 좋다. 그리고 자잘하게 말을 할 수 있는 연습을 해야 한다. 꼭 영업이 아닌 사람과의 관계에서도 구체적으로 상상할 수 있는 대화법을 사용하는 것이 좋다. 그때 내가 지금만큼 말하기에 대해서 알고 있었더라면 나는 이렇게 말했을 것이다.

"저랑 가장 가까운 친구의 어머니가 얼마 전부터 화장실 가기도 힘들고 계속 옆구리 쪽 배가 아프다고 하는데 친구는 변비약을 먹으라고 배에 똥이 차서 그런 거라고 핀잔을 줬대요. 시간이 지나도 계속 아파하니 병원에 가서 진료를 받으셨는데 대장암 3기라고 판정을 받았대요. 건강검진을 꾸준히 챙겼다면 초기에 발견했을 텐데 눈곱만하던 용종이 새끼손톱만큼 자라나서 대장암 3기 진단을 받으신 거예요.

대장암은 초기에는 증상이 거의 없어서 알아차리기가 쉽지 않대요. 용종이 대장에 붙어서 조금씩 자라는 동안 사람은 죽어가는 거죠. 친구 어머님은 지금은 용종 절제 수술을 하시고 항암 6개월 12회를 받으시면서 요양 중에 계시구요. 엎친 데 덮친 격이라고 친구 어머니는 보험이 없어서 병원비도 상당히 부담이 되더래요. 고객님은 지금 젊으니까 당연히 건강하지만 절대 건강은 자만하면 안 됩니다. 내가 아플 때 나를 보호해줄 수 있는 보험은 꼭 준비하셔야죠. 요즘은 스마트폰에도 보험 가입하는 시대인데 내 몸에도 보험 가입은 하셔야 하지 않을까요?"

내가 실제 겪은 스토리에 대장암이라는 한 가지만 가지고 보험을 설명했다. 암의 종류도 많고 수술 방법 또한 여러 가지이다. 이런 내용들을 우리 고객들은 다 들어줄 만큼 영업인에게 시간을 내어주지 않는다. 그리고 구구절절 이야기하더라도 99%는 기억하지 못한다. 고객은 우리가 하는 말의 90%는 듣는 둥 마는 둥 재미도 없고 감동도 없는 보험 상품 이야기에 귀를 기울이지 않는다.

대부분의 초보 영업인들이 어려워하는 부분이 쉽게 얘기하지 못하는 것이다. 그것은 영업에 대해서 제대로 알고 있지 못하기 때문이다. 상담이나 상품에 자신이 없을 때 말이 길어지고 복잡해진다. 복잡하게 풀어나갈수록 점점 더 상황은 꼬인다. 고객들에게 해주고 싶은 말이 너무 많겠지만 포인트만 짚어서 간결하고 짧게 전달할 수 있어야 한다. 욕심을 버리고 자잘하게 말하면 성공한다.

몇 년 전 나는 혼수 장만을 위해 여러 곳의 가전제품 판매점들을 돌아다녔다. 가전제품 중에 내가 가장 신경 써서 구매한 것이 TV이다. 화질이 좋지 않으면 시력에도 영향이 미칠 것 같아서다.

예전의 나는 워낙 시력이 좋지 않아 라식 수술을 하고 절대 눈을 혹사시키지 않겠다고 다짐했기 때문이다. 내가 좋아하는 브랜드의 가전제품 매장에 들어서 TV를 구경하던 중에 판매사원이 다가왔다.

"TV 구매하시려고요?"

"네, 혼수로 장만하려는데 40인치랑 55인치랑 뭐가 나을까요? 집이 넓은 건 아니라서 40인치가 나을까요? 그런데 눈이 좋지 않아서 화질이 좀 좋았으면 좋겠어요."

"제 생각에는 55인치로 선택하시는 게 좋을 것 같습니다. 이왕 혼수 장만하시는 거 좋은 걸로 하세요. 이쪽에 있는 이 55인치 TV는 크리스탈 블랙패널로 음성출력이 15와트에 DTS 2.0에 디지털 출력이 되고요. 클리어 모션 레이트가 960으로 해상도가 1920x1080픽셀이고 3D사운드에 게임모드, 무선 랜이 내장되어 있고, 베젤도 얇아져서 인테리어 효과로도 제격이거든요."

"음, 죄송한데 화질이 좋다고 설명해주신 거죠? 일단 좀 돌아보고 결정할게요."

좋은 TV라는 것은 알겠는데 내가 원하는 화질인지 아닌지 알 수가 없었다. 결국 나는 다른 곳에서 TV를 장만했다. 만약에 그 판매사원이 이렇게 말했다면 어땠을까?

"제가 추천해드리고 싶은 TV는 55인치 TV입니다. 고객님 눈을 보호하고자 한다면 큰 화면으로 시청하시는 것이 눈의 피로가 덜하고 몰입감도 좋아요. TV의 화질은 해상도에 따라 차이가 있는데 해상도라는 것은 선명함을 의미하는 거예요. 화면이 커질수록 화면을 구성하는 픽셀이라는 점이 많아져서 더욱 깔끔하고 선명한 화질을 보여주거든요. 연예인들 모공까지 보일 정도로 화질이 좋아요.

요즘은 또 TV의 테두리도 점점 얇아져서 자리도 많이 차지하지 않아요. 게다가 벽걸이로 설치하시면 액자처럼 인테리어 효과도 있지요. 40인치보다 금액은 조금 비싸지만 오래 사용하는 가전이니 선택하셔도 후회하지 않으실 거예요."

판매사원이 내게 저렇게 말해줬다면 나는 구매했을 것이다. 설명서 같은 내용만 설명하고 고객의 니즈를 파악하지 못했기에 나는 그 판매사원에게 TV를 구매하지 않은 것이다. 눈에 보이는 상품을 가지고도 제대로 된 설명을 하지 못하여 본인의 소득도 날아간 것이다. 나의 질문에 조금 더 귀를 기울이고 니즈를 파악해 설명해줬으면 좋았을 것을. 정확하게 설명하는 것이 나쁜 것은 아니지만 나는 TV를 구매하는 고객이지 전문가가 아니다. 영업인이 얼마의 지식을 가지고 있는지에는 고객은 관심이 없다. 고객의 눈높이에 맞춰서 이해시켜주고 고객이 원하는 부분을 가지고 자잘하게 이야기해주기만 하면 된다.

영업인은 늘 고객에게 효과적으로 전달할 수 있는 방법을 연구해야 한다. 내가 100% 완벽하게 영업에 대해 이해하고 말할 수 있어야 한다. 가장 자신 있는 상품 두 가지를 간결하고 자잘하게 설명하는 연습을 해보라. 하나부터 열까지 다 알려주고 싶은 책임감에서 벗어나면 지금보다 열 배는 더 쉬운 영업이 될 것이다. 나의 고객은 초등학교 3학년, 아니 아무것도 모르는 사람이라 생각하고 쉽게 풀어서 정중하지 않은 자잘한 말을 사용하면 스펙타클한 영업 실적을 올릴 수 있다.

02

매력적인 단어를 연습하라

"말 한마디로 천 냥 빚을 갚는다."라는 말은 누구나 들어본 이야기일 것이다. 내가 영업일을 하면서 가장 많이 느끼는 부분이 바로 '말'이다. 고객과의 상담에서 결과 없이 끝나고 돌아올 때면 항상 나는 '이렇게 얘기했으면 계약했을지도 모르는데.' 이런 후회를 한다. 도대체 어떻게 말을 하면 고객들이 나의 진심을 알아줄까? 어떤 멘트로 고객을 설득할 수 있을까? 끊임없이 고민한다. 영업직의 초고수들은 본인이 판매하고 있는 상품의 가치를 고객에게 전달하는 데 아주 능하다. 더군다나 요즘처럼 꽂히는 멘트를 선호하는 시대에 초고수들은 짧고 간결하게 가치를 전달하기 때문에 더 승승장구한다. 그래서 나는 항상 한 방에 꽂히는 캐치 프레이즈를 갈구하게 된다.

처음에 입사한 보험회사의 매니저는 작고 여린 여자이지만 정말 초고수의 영업 자질을 갖췄다. 그래서 초보 설계사들이 상담을 나갈 때 동반을 해주는 경우가 많았다. 내가 입사하고 한 달쯤 지나서 매니저에게 동반 요청을 했다. 고객과 먼저 전화로 상담을 했는데 아주머니 고객님이 매우 깐깐하고 드센 느낌이었다. 신입 영업인이었던 나는 초반에 기가 눌려 매니저에게 동반 요청을 한 것이다.

매니저를 동반하고 자리를 마련해 고객과 상담을 시작했다. 고객은 꼬치꼬치 캐묻고 신입이었던 나는 담보 하나하나 설명하고 고객이 묻지도 않은 내용까지 혼자 떠들었다. '회사에서 이렇게 가르쳐줬으니 나는 무조건 다 말해야 한다'는 마음으로 말이다. 계속 떠들다 보니 장황한 설명으로 어디서 멈춰야 할지 모르는 상황이 되었다. 나는 점점 주눅이 들었고 고객은 심드렁한 모습으로 나를 바라보니 등에서 식은땀이 줄줄 흘렀다. 그때부터 매니저가 상담의 마무리를 짓기 시작했다.

"고객님, 보험이 뭐라고 생각하시나요?"

"아플 때 치료받고 보험금 타고 혹시나 하는 상황에 대비하는 거죠."

"네, 맞아요. 고객님, 보험은 부적이에요. 자녀분이나 배우자 잘되라고 부적 갖고 다닌 적 없으세요? 보험도 같습니다. 나쁜 일이 일어나기 전에 미연에 방지하고자 부적을 쓰죠. 보험도 똑같아요. 고객님 말씀처럼 혹시나 하는 위험에 방지하기 위해서 가입하시는 겁니다. 지금은 고민하실 것이 아니라 보험 가입하시려고 상담받으신 거니 오늘 계약하시고 걱정은 넣어두시면 부적의 효과가 배로 늘어나겠죠?"

그렇게 드세고 깐깐한 아주머니는 나의 고객이 되었다.

말을 전달하는 것이 내가 어떤 상황에 있느냐에 따라 달라진다. 나는 '처음이라 잘 모르는데.'라는 마음을 가지고 있으니 자신 없고 흐리멍텅하게 말을 전달했을 것이다. 매니저는 보험에 있어서만큼은 항상 당당하고 자신 있게 소신을 밀어붙여 말을 한다. 그리고 만나는 상대에 따라 적절한 멘트로 고객에게 긍정적인 반응을 만들어 낸다. 나는 감히 상상하지 못했던 '부적'이라는 단어 한 방에 아주머니 고객은 마음이 흔들렸으리라. 매니저는 상품의 가치를 고객의 눈높이에 맞게 전달해줬던 것이다.

요즘은 SNS에서도 눈에 확 띄는 문구들을 볼 수 있다. 내가 가끔 보는 SNS에서 천재 '키크니'라는 작가가 작명을 해주는 키크니 작명소를 자주 찾아보게 된다. 키크니 작가는 사람들이 디엠으로 작명 신청을 하면 그 상황에 맞게 이름을 지어준다. 키크니 작가의 한 방에 꽂히는 작명 센스가 어마어마하다. 작명 신청을 한 팬이 전역 후에 왁싱 숍을 오픈하려는데 가게 이름을 지어달라고 신청을 했다. 키크니 작가는 한 치의 망설임도 없이 '밀린터리 숍'이라는 가게 이름을 만들었다. 한 번 들으면 절대 잊을 수 없고 왁싱 숍이라는 것을 확실하게 알리는 이름이 아닐까. 결국 세상에서 내가 전하고자 하는 메시지가 뼛속까지 파고들어야 살아남는 세상이 되었기 때문이다.

매력적인 단어를 연습하기 위해서 어떤 노력을 기울여야 할까?

예전에는 거의 TV 시청을 하지 않았던 나는 영업을 하고부터 TV를 자주 시청하게 되었다. 공중파 방송의 예능이나 홈쇼핑 같은 경우 적재적소에 맞는 멘트들이 자주 나오고 자막에서도 배울 점들이 많기 때문이다. 홈쇼핑에서는 짧은 시간에 많은 사람들을 유입해서 매출을 올려야 하기 때문에 상품에 대한 장점을 많이 부각시킨다. 아무런 생각 없이 TV를 보고 있노라면 "아, 사고 싶다.", "한번 먹어보고 싶다." 등 충동구매를 유혹하는 매력적인 단어들을 선보인다.

영업을 하는 사람이라면 꼭 이러한 단어들을 구사하고 싶을 것이다. 하지만 이런 부분들은 하루아침에 되는 것이 아니다. 반복되는 연습과 노력이 필요한 것이다. 어떤 상품을 두고 이 상품을 고객에게 어울릴 만한 복합적인 가치를 느낄 수 있게 해 사고 싶게 만들어야 한다는 뜻이다. 영업인은 자기만의 매력적인 단어를 늘 가지고 있어야 한다. 그래서 그 상황에 따라 적절하게 언어를 구사해야 한다. 모든 관계는 말투에서 시작된다고 할 만큼 순간의 말투는 상대방을 기억하게 한다.

요즘 인터넷에 떠도는 웃긴 간판들 시리즈가 있다. 이것도 지나가는 사람들의 시선을 단숨에 사로잡아 '이름 재미있네. 한번 가볼까?'라는 생각을 하게 만들고 기억에 남게 만든다. 가게 주인들은 사람들에게 강렬한 인상을 심어주기 위해 얼마나 많은 고심을 했을까. 우리도 고객에게 강렬한 인상을 남기기 위해 매력적인 단어를 연습해야 한다.

예전에 〈한국영업인협회〉 김주하 대표의 '한 달 만에 매출 30배 올리는 영업 노하우' 특강을 들으러 간 적이 있다. 방청객들을 보며 "꽃밭이라 강의할 맛난다."란 인사말과 함께 청중의 시선을 잡아끌며 등장했다. 재밌는 유머와 특유의 제스처로 시종일관 즐겁게 강의를 해주셨다. 그중 특별히 다가왔던 내용이 있다.

"똑같은 물건을 파는데 같은 이름으로 말하면 눈에 띌까요, 안 띌까요? 눈에 띄지 않아요. 하지만 그 물건의 장점을 가지고 별칭을 붙여주면 내가 파는 물건이 특별함을 가지게 되겠죠? 화장품을 예로 들어볼게요. 같은 화장품이지만 그 화장품이 쑥 스며드는 장점을 가지고 있어요. 여러분들은 뭐라고 별칭을 달아주시겠어요? '침투크림'이라는 별칭을 만들어서 매출을 올릴 수 있었어요. 이렇게 단어 하나가 가지고 있는 힘은 강해요. 단어를 얼마나 잘 활용하느냐에 따라 성공할 수도 실패할 수도 있으니 꼭 기억하세요.

사람들은 자신에게 무언가를 주는 사람을 더 좋아하게 됩니다. 나를 좋아하게 만들려면 주는 사람이 되어야 합니다. 주는 것이라고 해서 꼭 물질적인 것이 아니어도 돼요. 감성적인 것 즉 마음이나 관심을 주는 것도 주는 거예요. 그러니 예쁜 말을 쓰다 보면 예쁜 말이 돌아오게 되죠. 아무리 못나고 마음에 안 드는 사람이라도 '숨 쉬는 것만으로도 칭찬해.'라고 이야기하다 보면 처음엔 어색하겠지만 계속해서 하다 보면 결국 나에게도 칭찬이 돌아오게 되어 있어요. 그러니까 좋은 말은 일부러 외워서라도 하고 다니세요."

그 강의를 듣고 나는 평소에 얼마나 좋은 말을 하고 매력적인 말을 하며 영업을 했는지 생각하게 되었다. 영업을 하면서 고객들 앞에서의 멘트라든가 어휘 선택에 있어 나름 잘 선택해서 쓰고 있다고 생각했는데 김주하 대표의 강의를 들으며 나는 아직 평범하고 일반적인 멘트에서 벗어나지 못하고 있다는 생각이 들었다.

고객은 평소에도 지겨울 정도로 많은 영업인을 만난다. 그래서 고객은 영업인의 말 한마디에도 금방 영업인을 파악하는 프로가 되었다. 저 영업사원이 내게 강매를 하려는 건지 판매를 하려는 건지를 알고 있다는 말이다. 그 수많은 영업인들의 경쟁 속에서 고객에게 기억이 남는 영업인이 된다는 건 무척 값진 일이다. 지금 당장에 성과가 나오지 않는다고 하더라도 좌절하지 않아야 한다. 고객은 자신의 편의대로 상품을 구매하는 사람이다. 매력적인 말 한마디를 뱉어놔라. 그 매력적인 말이 고객의 기억에서 끄집어 올려진다면 당신을 선택하게 될 것이다.

우리 영업인이 고객의 선택을 받기 위해 매일 해야 할 일은 매력적인 단어를 매일 연습하는 일이다. 어차피 우리가 판매하는 상품은 다 똑같다. 우리를 특별하고 의미 있게 기억하게 만들기만 하면 된다. 좋은 말이 있으면 메모하고 외우고 기억하라. 말이 넉넉한 사람은 여유가 있는 사람이다. 우리는 넉넉한 말 센스로 매력적인 한 방을 날리는 차별화된 영업인이다.

03

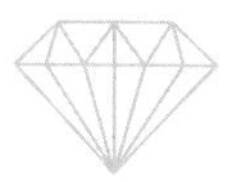

오감을 자극하듯 생생하게 말하라

영업을 처음 시작했을 때는 회사에서 가르쳐준 대로만 하면 상품을 잘 판매할 수 있다고 생각했다. 그래서 열심히 상품 교육을 받고 스크립트를 달달 외워서 고객을 만나러 다녔다. 하지만 고객들의 반응은 냉랭했고 그럴수록 나는 더 스크립트에 집착하기 시작했다. 하지만 누구 하나 계약을 체결해주지 않았다. 지금에 와서 깨달은 거지만 모든 설계사들이 고객에게 똑같은 얘기를 했을 테니 얼마나 지겨웠을까. 책도 찾아보고 선배들에게 궁금한 걸 물어보기도 했으나 크게 달라지지 않았다.

이런저런 고민을 하고 있을 때 집에서 여유롭게 시간을 보낼 수 있는 날이 있었다. 나는 원래 TV를 잘 챙겨보는 스타일도 아니고 특히나 홈쇼핑은 선호하는 채널이 아니었다. TV 채널을 한참 돌리다가 홈쇼핑에서 즉석 요리 광고를 보게 됐다. 한참 TV를 보다 보니 군침이 돌았다. 쇼호스트들이 우리를 대신해서 먹어보고 그 느낌을 시청자들에게 생생하게 전달시켜 물건을 구매하도록 유도한다. 모델들의 정말 맛있게 먹는 표정을 보여주고 쇼호스트들이 직접 먹어가면서 그 생동감을 표현한다. 그러다 보면 침이 고이면서 광고하고 있는 음식과 어울리는 음식을 상상하기도 하며 침이 꼴깍 넘어가기도 한다. 그럼 어느샌가 음식을 주문하는 나를 보게 된다.

20대에 한국에서 친하게 지내던 외국인 친구가 있었다. 그 친구와는 밤새 술 마시며 고민도 이야기하고 같이 목욕탕도 다닐 정도로 친한 친구였다. 한국말을 잘하지는 못하지만 한국을 좋아하던 친구였다. 한국 가족은 어떻게 살고 있는지 궁금해하길래 그 친구를 부모님 댁에 초대한 적이 있었다. 영어를 잘하지 못하시는 부모님과 한국말을 잘하지 못하는 친구가 소통이 가능할까 생각했다. 아빠와 친구의 바디랭귀지는 보는 내내 한껏 웃음을 줬다. 아빠는 바디랭귀지와 한국말을 섞어가며 우리 동네를 맛집을 알려주고 한국 음식을 이야기해줬다. 친구는 자신의 가족관계부터 고향 호주 할머니 댁 정원에 가끔 구렁이 같은 뱀이 나타난다는 이야기를 해줬다. 그리고 아빠와 친구는 언어는 다르지만 의사소통을 완벽하게 전달했다. 영업에서 말을 전달하는 것도 중요하지만 오감을 자극하여 상상하게 만드는 것도 아주 중요하다. 특히 보험 영업인들은 고객의 입장에서 와 닿을 수 있는 이야기를 전달해주는 것이 좋다. 이처럼 영업에도 오감을 자극할 만한 이야기들이 있어야 된다.

"이 상품을 그때 이런 분이 가입하셨어요. 그런데 얼마 지나지 않아 큰 사고가 나셨는데 이 상품을 가입해놓으신 덕분에 가족분들이 그래도 당분간은 생활비랑 교육비 정도는 해결하셨다고 해요. 그래서 조금이나마 여유를 찾으실 수가 있으셨다고 저에게 고맙다고 전화를 주셨어요."

"저는 고객님께서 제가 권해드리고 추천해드리는 상품의 필요성을 지금은 크게 못 느낄 수도 있으시리라고 생각됩니다. 하지만 이 상품은 지금 당장이 아닌 고객님의 미래의 어느 한 부분에서 빛을 발휘할 수 있다고 생각합니다."

이렇게 강하게 어필하는 것이다. 상황에 따라서는 슬픈 이야기도 하고 즐겁고 기쁜 이야기도 한다.

"고객님, 이 옷이 훨씬 젊어 보여요. 친구들이 못 알아보실 수도 있으실 정도로 잘 어울리세요. 이 옷을 입고 모임이나 파티에 가신다면 펜트하우스에 김소연 같은 주인공이 되실 것 같아요."

"이 차를 타고 어떤 장거리 출장이나 여행을 가시더라도 비즈니스 클래스에 탑승하신 것처럼 편안하고, 주위에 부러운 시선을 많이 받으실 겁니다. 그만큼 이 차는 고객님의 위치에 계신 분에게 딱 맞는 명품카입니다."

이처럼 고객의 시각, 청각 같은 오감을 깊숙이 자극하는 것이다. 고객이 필요한 상품에 양념을 더하고 그것이 내 것이 되었을 때를 상상하게 한다. 그러면 고객은 그 상상 속에서 이 상품이 내 것이라고 꼭 사고 싶다는 인식을 하게 될 것이다. 영업을 할 때 시각, 후각, 미각, 청각, 촉각 모든 것을 만족시킬 수 있어야 한다. 마트를 가면 시식 코너가 많이 있다. 그곳에서 눈으로 보고 냄새도 맡고 직접 먹어보기도 한다. 그리고 직원의 서비스도 듬뿍 받을 수 있다. 이처럼 모든 것이 철저한 영업 분석으로 만들어진 것이다. 차를 구매할 때도 시승을 통해 직접 몸으로 편안함을 느끼고 선택을 하게끔 유도한다. 요즘은 건강식품도 먹어보고 구매를 하게 할 정도이다. 그렇다 보니 만족도와 매출은 올라간다.

영업은 사고자 하는 사람에게 그 물건을 구입했을 때의 행복함을 전하고 상상하게 해야 한다. 그리고 그것을 사야 하는 이유와 사지 않았을 때를 비교하게 해야 성과를 이룰 수 있다. 법인 영업을 할 때 한 대표님을 만났다. 그 대표님은 영업인들이 너무 많이 찾아와서 늘 똑같은 이야기만 한다고 했다. 그래서 나는 대표님께 질문을 하였다.

"대표님이 추구하는 미래의 회사는 어떤 회사인가요?
"나는 회사가 돈 많이 벌어서 세계적인 기업을 만들고 싶어요."
"그렇다면 뭐부터 시작을 하는 것이 좋겠다고 생각하세요?"
"글쎄요, 소비자가 만족할 만한 좋은 상품을 만들어야겠죠."

"네, 맞습니다. 소비자의 니즈를 충족시키는 좋은 상품을 만들면 매출이 늘어나게 되고 회사가 돈을 많이 벌면 회사는 당연히 커질 수 있습니다. 삼성전자, 현대자동차처럼 좋은 상품을 만들면 되죠. 그렇지만 회사가 커질수록 대표님의 고민도 커지실 겁니다. 왜냐하면 회사가 커진다는 것은 대외적으로 많은 사람들 눈에 띄게 된다는 뜻입니다. 그런데 대표님께서는 직접 발로 뛰며 이루어놓은 회사에 갑자기 세무조사, 노동청 등 많은 곳에서 조사가 들어온다면 어떠시겠습니까?

조사를 받는다는 것은 분명 좋은 성과임에 틀림이 없습니다. 하지만 대표님께서는 일에만 매진해오셨기 때문에 내부적인 부분은 절대 부족하실 수밖에 없습니다. 이런 대비는 어떤 식으로 하실 예정이신가요?"

"뭐 그때 가서 생각해보죠."

"그때 가서 생각하시면 늦으실 수밖에 없습니다. 회사가 커지면 커질수록 준비도 그에 맞게 미리 해두어야 하는 것입니다. 지금은 대표님께서 앞을 보고 달리시지만 가끔은 옆으로도 뒤로도 돌아보셔야 하는데 시간이 별로 없으실 겁니다. 그래서 저희와 같은 사람들이 있는 것입니다.

대표님께서 앞만 보고 달리시도록 대표님의 회사가 일류 기업이 될 수 있도록 뒤에서 열심히 밀어드리겠습니다."

나는 이 대표님에게 꿈과 희망 그리고 순간이지만 좌절까지 상상을 하게 해드렸고 대표님도 그 부분에 많은 공감을 하셨다. 그리고 긴 시간 회의를 통해 대표님의 회사 운영 방식, 우리가 해야 할 일 등의 계획을 세워나갔다. 그리고 결국엔 계약에 성공할 수 있었다. 대표님의 오감을 계속 자극하기 위해 노력을 한 결과였다. 지금도 대표님을 가끔 찾아뵙고 있으며 그분은 계속 관리를 받고 계신다. 영업은 생동감이다. 지금 당장에 느낄 수 없는 것을 느끼게 할 수도 있도록 상상하게 만들어야 한다.

도쿄대 명예교수 하타무라 요타로의 책 『안다는 것의 기술』에서 재미있게 이야기하는 사람에 관해 이야기한다. 같은 이야기라 하더라도 재미있게 하는 사람과 재미없게 하는 사람의 표현의 차이는 입체성이 있는지 없는지에 대한 차이라고 설명했다. 프랑스 혁명 같은 것에 대한 이야기를 하더라도 왜 혁명이 일어났으며, 그렇게 될 수밖에 없었던 다른 이야기들과 동시대의 다른 곳의 이야기를 같이 해주면 이야기는 입체적이고 흥미로운 이야기가 된다고 했다. 이런 생생한 입체 대화법을 가장 많이 보여주는 곳이 홈쇼핑이다. 생생하게 말하고 싶다면 쇼호스트들이 하는 말들이나 표현력을 배워두면 영업을 할 때 상당히 많은 도움이 된다. 이것은 영업사원뿐만 아니라 직장인에게도 프레젠테이션을 할 때 꼭 필요한 언어 사용법이라고 생각한다.

각 분야의 영업인들도 상품을 소개하는 브로슈어나 팜플렛을 가지고 다닐 것이다. 고객에게 설명할 때 브로슈어를 보여주며 설명하는 것은 한계가 있다. 행동으로 보여줄 수 있다면 제스처도 함께 곁들이며 고객이 상상할 수 있도록 도와준다면 우리의 매출에도 상당한 효과가 있을 것이다.

고객의 오감을 자극하는 언어를 적절하게 사용하면 매출 증대의 효과가 크다. 우리는 고객에게 말할 때 이야기에 여러 가지 색깔을 입히고 오감을 사용해서 생동감 넘치는 표현을 하는 것만으로도 남들보다 조금 더 특별한 영업인이 될 수 있다.

04

질문하고 침묵하라

나는 결혼하기 전에 학원에서 아이들 영어를 가르친 적이 있다. 초등학생부터 중학생들까지 모여 있는 어학원이었다. 어학원은 보습학원들과는 달리 좀 더 자유로운 분위기에서 수업을 한다. 우리 어렸을 때와는 수업 형태나 분위기가 다르다. 아이들도 역시 많이 달라졌다. 당차고 자기주장 분명하게 얘기하고 확실한 꿈이 있는 아이들도 많다. 그런데 수업을 하다 보면 예전 우리 학창 시절과 크게 다르지 않음을 느낄 때가 있다. 바로 선생님이 질문할 때이다.

학창 시절에 수업 시간에 소곤소곤 떠들며 선생님 말씀 죽어라 하고 안 듣다가 갑자기 선생님이 조용해진다거나, 수학 시간에 '선생님이 문제

풀어볼 사람?' 하면 다들 눈 피하며 조용해지는 경험을 한 적이 있을 것이다. 선생님들은 항상 질문을 하고 발표자를 지목하기 전에 약간의 뜸을 들이는 경우가 대다수다. 그럼 아이들은 머릿속에서 정답을 찾는 시간을 가질 수 있게 된다.

내가 근무했던 어학원의 시스템은 네이티브 강사와 한국인 강사가 한 팀으로 수업을 진행하는 방식이었다. 네이티브 강사는 아이들에게 인기도 많고 다정한 친구였다. 그럼에도 네이티브 강사가 질문을 하든, 내가 질문을 하든 순식간에 조용해진다. 그 아이들도 생각할 시간이 필요한 것이다. 만약에 선생님이 질문을 하고 방금 수업한 내용을 머릿속에 모두 정리하기도 전에 아이들에게 대답을 요구한다면? 아마 그 강사의 자질을 의심하게 될지도 모른다. 대답할 시간조차 주지 않고 막무가내로 이야기를 뱉어낸다면 아이들은 혼란스러울 것이다. 고객과 영업인의 사이도 마찬가지이다.

대부분의 영업인들이 침묵을 두려워하는 경향이 있다. 그래서 고객이 조용히 있으면 영업인은 불안해한다. 그 상황이 불편해지니 영업인은 자기도 모르게 주절주절 말이 많아진다. 고객은 잠깐의 침묵 동안 고민하고 있는 것이다. 고민하고 있는데 주절주절 말이 많은 영업인은 시끄럽기만 하고 절대 계약이 성사되지 않는다. 우리는 충분히 능력 있는 영업인이 될 수 있다. 고객에게 질문하고 답변을 기다린다면 여유가 느껴질 것이다. 고객 역시 편안한 마음으로 고민할 수 있을 것이다.

셀레스트 해들리의 저서 『말센스』라는 책에 "대화를 통해 당신이 얻고자 하는 것이 무엇인지 잠시 생각하는 시간을 가질 필요가 있다."라는 말이 있다. 고객과 만나 상담을 하다 잠시의 침묵이 흐를 때 가벼운 입놀림보다 내가 얻고자 하는 것에 대해 잠시 생각해보는 여유를 갖는 것도 좋을 것 같다. '왜 우리는 이런 실패를 경험하고도 고객의 마음을 읽지 못할까?'

영업인에게 가장 중요한 작업이 사전 질의응답이다. 고객을 만났을 때 고객의 기분, 상태, 생각 등을 파악하면 다음에 할 수 있는 일이 훨씬 수월해지기 때문이다. 사전 질의응답까지 완벽하게 해냈음에도 결과가 나오지 않았다면 그것은 침묵이 지켜지지 않았기 때문이다. 고객보다 말이 많은 영업인은 절대 성공할 수 없다.

속도와 빠르기가 세상을 지배하고 있다. 말도 예외가 될 수 없다. 상대방의 말에 즉각적으로 반응해야 경쟁 사회에서 살아남을 수 있다. 특히 우리 영업인들은 빠른 스피드에 맞춰 고객을 상대해야 하기 때문이다. 하지만 우리는 고객과 적절한 템포를 유지하며 편안하게 말하는 사람이 되면 된다.

나는 늘 말하는 것보다 경청을 강조해왔다. 침묵은 또 하나의 좋은 무기가 될 수 있다. 고객과의 상담에서 바로 사용이 가능한 것이 바로 침묵이다. 우리는 이것을 침묵 계약이라고 부른다. 침묵은 고객의 생각을 정리할 시간을 주기 때문이다. 고객과의 대화에서 고객의 마음을 이끌어내기 위해서 침묵하는 방법을 많이 사용한다. 질문을 하고 기다려야 한다.

"고객님께서 원하시는 상품에 대해서 말씀해주십시오." (잠시 침묵, 경청)

"조금 더 자세히 말씀해주시겠습니까?" (침묵, 경청)

"지금 말씀해주신 것이 해결되면 만족을 하시는 건가요?" (침묵, 경청)

"그렇다면 고객님께서는 현재 가지고 계신 상품에 어떤 불편한 점이 있으십니까?"(침묵, 경청)

질문에도 꼬리를 물고 가면 고객은 본인 스스로 생각을 하게 된다. 우리는 질문을 던지고 침묵을 하는 것이 전부다. 바톤은 고객의 손에 넘겨진 것이다. 고객 스스로 우리가 원하는 답이 나올 때까지 질문을 하는 것이고 또 입을 닫는 것이다. 이 침묵은 고객의 마음을 더 많이 알 수 있는 계기가 될 수 있기 때문이다. 우리는 평소보다 많은 시간을 침묵하고 들어야 한다. 영업을 하는 사람이 많은 말을 하게 되면 오히려 우리의 속내를 고객에게 비치는 것과 같다. 우리는 숨기되 고객은 말하게 하라.

첫 번째로 침묵을 통해서 고객의 내면을 알아냈다면 그 뒤에는 계약으로 이어져야 한다.

"고객님 상품의 내용은 이렇습니다." (잠시 침묵) 고객 스스로 상품에 대한 내용을 한 번 더 보고 정리할 수 있는 시간을 준다.

"자, 어떠십니까? (잠시 침묵)" 침묵이 길어지면 YES OR NO가 나올 것이다.

마음에 들면 당연 YES일 것이고 무엇인가 마음에 들지 않는다면 고객은 불만족스러운 내용에 대해 말을 할 것이다. "이제 여기에 사인만 하시면 됩니다."라며 펜을 계약서 위에 놓고 사인을 할 때까지 1~2분가량 침묵을 한다. 이때는 압박의 침묵이다. 이 압박의 침묵은 고객에게 망설이지 말고 사인을 할 수 있게 하는 수단으로 고객에겐 A와 B만 있다는 뜻을 전달하는 것이다. 이 침묵은 어떠한 결정을 내리게끔 상대방에게 의사표시를 하는 방법으로 사용하며 상대방에게 어떠한 행동을 하게 하기 위한 수단이 된다.

우리가 상대방과 대화를 할 때마다 잠깐잠깐 멈추어 상대방의 의중을 파악할 수 있는 좋은 수단이며 이것은 계약, 소개, 질문 등 다양한 방법으로 활용할 수 있다

집을 보러 다닐 때의 일이다. 일반적으로 부동산을 가면 몇 개의 집을 보여준다.

"이곳의 시설은 자녀분들 학군이 좋으며 교통은 편리하고 뒤로는 고속도로가 날 계획이 정해져 있습니다. 그래서 투자 및 주거에 탁월한 위치이기 때문에 얼른 잡으셔야 합니다."

보통 부동산의 공인중개사들이 하는 이야기다. 몇 개의 구옥과 새로 분양하는 집들을 보러 몇몇 부동산을 다녔다. 그런데 마지막으로 가보기로 한 지역의 부동산 중개인을 만나 집을 보는데 딱히 말이 없는 것이 아닌가.

"그냥 둘러보시고 궁금하신 거 있으시면 말씀해주시면 답변해드리겠습니다."

이러고 말이 없는 것이었다. 한참을 둘러보고 수도 시설, 전망 등을 보는데도 아무 말이 없었다.

그래서 나는 속으로 '뭐지? 대충 집 보라고 하는 것인가?'라며 속으로 안 좋은 생각이 들었다. 그래서 퉁명스럽게 질문을 하였다.

"이 집의 장점은 뭘까요? 중개인님은 왜 저희들에게 이 집을 보여주셨나요?"

그러자 그 중개인이 이렇게 이야기하였다.

"고객님, 벌써 여러 집을 보고 오셨기 때문에 고객님 나름의 기준이 있으실 거라 생각하였습니다. 그래서 이 집의 장점이나 주위의 장점 등을 먼저 말씀드리는 것보다 고객님께서 편하게 집을 감상하시고 그 뒤에 궁금하신 점이 있으시다면 제가 궁금한 점을 풀어드리려고 기다렸습니다. 이제 이 집의 장점을 말씀드리겠습니다."

이 중개인은 나름의 침묵을 통해 고객이 편하게 물건을 확인하게 한 후에 말을 하게 만든 것이다. 나는 이 중개인을 통해 몇 개의 집을 더 구경하고 계약을 할 수가 있었다.

이처럼 침묵 계약은 다양한 방법으로 사용되는 것을 알 수가 있다. 고객을 만났을 때 고객에게 뭔가를 이끌어내야 할 때 적절하게 침묵 화법을 사용해보자. 계약은 더욱 가까이 다가올 것이다. 늘 상담을 할 때 말을 많이 하는 것을 줄이고 상대방의 이야기를 경청하는 것이 좋다.

고객이 답변하지 않는 것에 두려워하지 말자. 고객은 이 상황을 벗어나거나 당신이 싫어서 이야기하지 않는 것이 아니다. 고객 자신이 이것을 가졌을 때와 가지지 않았을 때를 고민하고 있는 것이다. 과거를 생각해보라. 마음잡고 공부하려고 책상에 앉았는데 엄마가 벌컥 문 열고 공부하라고 재촉하면 어땠는가? 고객도 그때 그 마음과 비슷하다. 당신과 계약을 하겠다고 마음먹어도 앞에서 재촉하고 쫑알거리면 좋았던 마음도 사라진다. 오늘부터 고객을 만나면 침묵의 미덕을 보여주는 상담을 하기 바란다.

05

솔직한 말하기가 더 매력적이다

처음으로 법인 영업을 시작했을 때의 일이다. 법인 영업의 고수인 척 몰라도 당당하게 아는 것만 가지고 미팅에 임하라는 코치의 말을 들었다. 미팅에 갔을 때는 대표들에게 이상적이고 전문적인 느낌을 연출하라고 했다. 나는 재무제표도 제대로 볼 줄 모르고 미팅에 임한 적이 있다. 떨리는 마음으로 미팅 장소에 30분 정도 먼저 도착하여 떨리는 마음을 가다듬었다. 미팅이 시작되고 그동안 배운 내용을 달달 읊었다. 상담을 받던 대표님도 내가 초보라는 것을 느꼈을 것이다. 자연스러울 거라 생각하고 이야기했지만 외워서 말하고 덜덜 떨고 있는 모습을 보셨을 테니. 조용히 고개만 끄덕이시던 대표님이 갑자기 질문을 했다.

"김 실장님, 우리 와이프한테 주식 증여하고 이익 소각 하려는데 그런 것도 가능한가요?"

"아, 이익 소각이요. 음…."

그렇게 머뭇거리고 바보처럼 어리버리하게 한마디도 하지 못한 채 소중한 첫 번째 미팅을 날려버렸다. 아마 고객은 나를 시험하려 저런 질문을 했을 것이다. 차라리 솔직하게 '나는 지금 법인 영업을 시작한 지 얼마 안 된 초보입니다. 원래 초보들이 열정과 패기가 넘쳐 일도 열심히 합니다. 대표님이 저를 믿고 회사를 맡겨주신다면 최선을 다해 배우며 성장하겠습니다.'라고 대표님께 말했으면 어쩌면 나를 믿고 일을 맡겼을 수도 있다. 하지만 나는 끝까지 전문가인 척을 하며 나왔다. 내가 아무리 열심히 연습을 하고 연기를 잘한다고 하더라도 고객은 이미 알고 있다. 내가 고객에게 거짓된 모습을 보여주고 있다는 것을.

대부분의 영업 코치나 영업을 하는 회사에서는 이상적인 영업사원을 만들기 위해 안간힘을 쓴다. 목소리는 신뢰감을 주고 활기차야 하며 언변은 달변 수준으로 구사해야 진정한 영업인이라는 이상형을 만들어준다. 그렇기 때문에 영업인들 스스로가 자신을 옥죄어 나는 영업을 못하는 사람이라고 간주해버리고 점점 자신감을 잃게 된다. 틀에 박혀버린 이상적인 영업인의 프레임을 벗어나 솔직하게 나를 말하면 한껏 긴장되고 부담됐던 마음의 짐을 내려놓을 수 있다. 있는 그대로의 자신의 모습을 드러내면 더 당당하고 자신 있는 영업이 될 것이다.

내가 손해보험회사에 있을 때 특정 담보의 보장 금액이 줄어든다는 핫 이슈가 있었다. 고객들도 소문을 듣고 문의가 빗발쳤던 적이 있다. 본사로 문의를 한 고객의 상담을 맡게 되었다. 특정 담보가 없어지기 하루 전이라 급하게 만날 수가 없어 먼저 전화를 걸었다.

"안녕하세요, A손해보험 김유나 팀장입니다. 종합보험 문의 주셔서 연락드렸습니다."

"아, 네. 저 그 종합보험 다른 보험 대리점에서 설계는 다 받았으니까 그 설계서 보내드릴 테니 그렇게 가입해주시면 돼요."

"예? 그럼 그 담당자분께 가입하시지 본사까지 연락을 주셨을까요?"

"담당자가 청약하려고 하니 보험 대리점에서 A손해보험 청약이 막혔다고 본사에 가입하라고 해서요."

"아~ 그러시군요. 그럼 제가 도움을 드릴게요. 먼저 제 휴대폰으로 가입설계서 받으신 것 먼저 보내주시겠어요?"

"네, 보내드릴게요."

그렇게 통화를 끊고 가입설계서가 도착했다. 그리고 다시 전화를 걸었다.

"고객님, 가입설계서는 잘 받았고 제가 잠시 검토해보니 설계 너무 잘 받았는데 약간 조정을 하시는 것이 나중에도 부담이 안 될 것 같습니다. 지금은 월 납입 보험료를 납부하실 것이라면 조금 더 보장을 크게 올릴 수 있거든요."

"아, 그래요? 그 담당자는 그게 최선이라고 했는데…."

"그럴 수 있습니다. 그 담당자님도 최선을 다해서 설계해주셨지만 고객님 연령대가 저랑 비슷하다 보니 더 신경 써드리고 싶었습니다."

"아~ 그럼 다시 견적 뽑아주시구요. 팀장님한테 가입하면 뭘 해주시나요?"

"제게 가입해주셨으니 감사의 마음으로 소정의 상품을 준비하겠습니다."

"상품 말구요. 그냥 두 달 보험료 팀장님이 내주세요."

"죄송합니다만, 그 부분은 어려울 것 같습니다."

"왜요? 그 담당자님은 선물에다 두 달 보험료 내주신다고 하셨는데요."

"죄송하게도 법으로 정해진 것이 상품의 상한선은 3만 원이고요. 그 이상의 이익을 제공하거나 약속을 할 경우 받는 사람 주는 사람 모두 처벌받도록 되어 있습니다. 설계사의 경우 영업정지에 벌금까지 낼 수 있는 사안이라 죄송합니다."

"에이~ 그냥 해주세요. 네?"

"저는 해드릴 수 없으니 다른 설계사를 찾아보시는 것이 좋겠습니다."

결국은 그 고객은 다시 나에게 연락을 했고 청약을 했다. 그리고 나는 아주 귀엽고 예쁜 방석과 무릎 담요로 보험료를 대신했다. 고객은 감사의 문자를 보내왔고 친동생과 제부까지 소개해줬다. 그 고객에게 가끔씩 안부 문자를 보내고 보상 절차도 도와줬다.

내가 만약 고객과 돈으로 협상을 했다면 지금까지 영업 전선에서 살아남을 수 있었을까? 가끔은 나도 돈의 유혹에 흔들릴 때가 있다. 하지만 당장의 이익을 위해서 협상하지 않는다. 보험은 정해진 한도 내에서 금액이 책정되기에 보험료로 경쟁을 하지는 않는다. 다만, 과도한 사은품과 보험료 대납으로 싸움이 시작되면 영업 시장은 구정물이 된다. 그리고 선량하게 영업을 했던 사람들에게도 고스란히 피해가 갈 것이다.

현재 보험 시장은 포화 상태이다. 그렇다 보니 남들과는 다르게 영업을 하려는 영업인이 많이 있다. 그 예로 선물 공세이다. 보험업법에는 3만 원 이상의 상품을 제공하는 것은 엄연한 불법으로 간주하고 있다. 그렇지만 영업 전선에서 살아남기 위해서 본인의 이익을 최소화하고 박리다매를 하는 영업인들이 많이 있다. 선물 공세, 현금 지급 등으로 판매에만 혈안이 되어 있고 관리는 소홀해진다. 그만큼 수익이 줄어들기에 고객을 관리할 여유가 없는 것이다.

결국 그 피해는 고스란히 고객들에게 돌아가는데도 고객들은 당장의 현금과 선물의 유혹을 뿌리칠 수 없다. 아직도 가끔 한두 달 치의 보험료를 내어달라는 고객들이 있다. 그럴 때 나는 이렇게 이야기한다.

"고객님, 보험료 내어드리겠습니다. 단, 고객님께서 납부하시는 최종 달에 내어드리겠습니다."

나는 사실상의 거절을 고객에게 부드럽게 한 것이다. 모든 영업에 있어서 솔직함은 참으로 훌륭한 무기라고 생각된다. 고객에게 진심으로 대하고 진심으로 상품을 제시해야 한다. 진심으로 고객의 사후 관리를 해줄 때 비로소 고객들은 깨닫는다. '정말 나를 생각해주는 설계사'. 그래서 지금까지 영업을 하고 있는지도 모르겠다. 영업은 앞에서 잠깐 보여지는 것이 아니다. 잠깐의 눈속임으로 판매할 수 있을지는 몰라도 결국 시간이 지나면 눈속임은 밝혀지기 마련이다. 그래서 난 실패를 하더라도 진실로 이야기하려고 노력을 하고 있다.

TV를 보다 보면 보험 광고들을 많이 볼 수 있는데 말이 너무 빨라 보험 영업을 하고 있는 나 또한 이해가 안 되는 부분이 있다. 그럼에도 불구하고 대중매체는 신속하고 빠르게 전달을 하다 보니 좋은 부분만 포장이 되어 시청자들에게 전달이 된다. 그리고 상담 신청을 하게 유도를 한다. 예를 들면, '이것저것 다 보장된다.' 그리고 상담 신청만 해도 '이것을 드린다.'라는 광고를 보면 정말 다 해줄 것처럼 이야기한다. 설계사인 나조차도 가끔 궁금해서 전화를 걸어 문의를 해보기도 했다.

"방송을 보니 조건 없이 다 가입이 된다고 하는데요."

"네, 맞습니다. 가입하실 수 있습니다. 가입을 도와드리기 위해 몇 가지 질문을 좀 드려도 될까요?"

(잠시 후)

"아, 고객님 이런 부분 때문에 현재 가입이 어려울 것 같습니다. 이 상품 말고 상해로만 이루어진 상품을 소개해드릴게요."

이렇게 이야기를 들은 적이 있다. 결국 방송은 거짓으로 이야기한 것이다. 해당 담당자는 광고에서 나가는 부분은 본인들의 영역이 아니기 때문에 드릴 말씀이 없다고 한다. 솔직하게 이야기하는 것이 고객에게 더 신뢰감을 주고 더 믿음을 준다. 과도한 경쟁 속에서 고객을 유치하기 위한 달콤한 말로 유혹을 하는 것이다. 가끔씩 기존 고객분들 중 연세가 있으신 고객분들이 내게 연락을 하신다.

"TV에서 이런 것도 보장해준다고 하는데 그래서 가입을 하려고 하는데 해도 될까요?"

그럼 나는 꼭 고객에게 당부한다.

"네, 가입하시고 증권 받으시면 저에게 보내주세요. 철회 기간도 있으니 제가 좋은 상품인지 아닌지 확인해드릴게요."

가끔은 대면 영업을 하는 우리보다 TM 또는 방송 쪽의 보험이 맞는 분들이 계시기 때문에 나는 꼼꼼히 살펴봐드리는 편이고 솔직하게 말씀을 드린다.

"이 상품은 좋은 거니까 유지하세요. 그리고 다른 보험은 그렇게 가입하시지 마시고요. 이제 전화 오면 저에게 설계안을 보내 달라고 하시면 미리 검토해드리겠습니다."

내게 가입을 하지 못하는 미안함과 함께 그 솔직함에 감동을 받는다. 솔직함이 최고의 매력으로 다가오는 부분이다. 나는 지금도, 앞으로도 솔직함으로 영업일에 매진할 것이다. 어설프게 눈속임이나 하는 영업인들을 과감히 밀어내버려야 한다. 솔직함과 정직함으로 정면 승부를 펼치는 영업인들이 더 많아지기를 바란다.

06

고객의 성향에 맞춰 대화하라

최근에는 자기 성향 파악에 대한 관심도가 높아지면서 'MBTI' 검사를 해보려는 사람들로 인기다. MBTI란? 마이어스 브릭스 유형 지표라고 해서 심리유형론을 토대로 고안된 자기보고식 성격 유형 검사 도구이다. 이렇듯이 세상에는 아주 다양한 사람들이 여러 가지 성향으로 살아가고 있다. 우리도 고객을 만나 상담을 하다 보면 고객을 이해시키고 설득시키는 것에 상당한 어려움을 겪는다.

우리가 회사에서 받는 교육들은 평균화된 자료로 만들어진 교육이기에 모든 고객의 입맛에 맞추기는 어렵다. 약간의 눈치 센스가 발달한 영업인들이나 경력이 오래된 영업인들은 대체적으로, 고객 성향을 파악하여 대화하는 것이 가능하지만 초보 영업인들이 이를 알아차리기란 쉽지 않다. 고객을 상담하러 갔을 때 꼭 반응을 살펴보고 발 빠르게 성향에 맞는 대화를 할 수 있기를 바란다. 그래서 여러분을 위해 준비했다. MBTI처럼 세세하게 분류할 수는 없지만 도움이 되기를 바라는 마음이다.

첫 번째는 주도형 고객이다. 주도형 고객들은 영업인보다 고객 스스로 대화를 주도하려 한다. 이런 주도형 고객에게는 불확실하고 우왕좌왕하는 모습을 보여선 안 된다. 또 강한 표현으로 자극하거나 반론을 하는 것은 좋지 않다. 반론을 한다거나 고객의 말을 자르는 것은 화를 돋우는 일이다. 이런 주도형 고객은 최대한 고객의 말을 인정해주며 고객이 주도하는 대화에 살을 붙여주면 좋다. 급한 성격을 갖고 있는 이런 고객은 용건만 간단히 말하고 결론부터 제시하며 결정권은 고객에게 주는 것이 좋다. 참고로 칭찬에 인색하지만 본인이 칭찬받는 것은 좋아하므로 실적을 위해 존경의 눈빛으로 칭찬하라.

예를 들면, "대표님, 제가 딱 30분만 대표님께 도움 되는 경정청구에 대해서 말씀드릴 테니 대표님께서 맘에 드시면 결정하시면 됩니다." 이렇게 이야기하는 것이다. 상담 중 알려주고 싶은 것이 많은 것은 알지만 시간을 초과하여 길게 늘어지는 상담은 지양한다.

두 번째로 신중형 고객이다. 신중형 고객들은 과다한 질문이나 필요

이상의 말을 하지 않는 것이 좋다. 고객과 논쟁을 하거나 자존심을 건드리는 행위를 하지 않는다. 신중형 고객에게 과잉 칭찬을 하거나 지나치게 배려하면 고객을 잃을 수 있다. 명확하고 정확한 자료를 제시하고 상세하게 설명해주는 것을 좋아한다. 많이 생각하고 말하는 스타일이므로 침묵 계약의 방법이 효과적이다.

예를 들면, "고객님, 여기 2021년 06월 OO일보에 보도된 자료입니다." 이렇게 근거 자료에 대해 정확히 설명해줘야 하니 고객과 미팅 전 많은 공부가 필요하다.

세 번째로 사교형 고객이다. 사교형 고객은 목소리가 크고 제스처가 많은 스타일이다. 고객보다 말을 적게 하지 않고 경직된 분위기를 싫어한다. 산만한 성격으로 삼천포로 빠지는 경우가 많아 적절한 맞장구를 쳐주며 주제로 돌아와야 한다. 자기 자랑을 좋아하는 성격으로 칭찬을 많이 해주고 자존심을 높여주면 계약의 확률이 높아진다.

예를 들면, "고객님, 정말 잘 알고 계시네요. 이렇게 많은 정보 알고 있기가 쉽지 않은데 정말 대단하세요." 이렇게 이야기하면 좋다. 가장 다루기 쉬운 성향으로 맞장구만 잘 쳐도 계약이 터진다.

네 번째로 무뚝뚝형 고객이다. 무뚝뚝형 고객은 언사가 거칠고 영업인에게 고민을 상담하고 계약을 할지 말지 간보다가 확실하게 거절한다.

무뚝뚝형 고객의 경우는 영업인이 감당할 수 없다는 생각이 들면, 즉시 영업 대상이 아님을 인정하고 버리는 편이 낫다. 언사가 거칠기 때문에 영업인에게 하는 말이 아니어도 상처받을 수 있다.

다섯 번째로 인정형 고객이다. 인정형 고객은 거북이처럼 느린 스타일이다. 대화의 초점이 없고 말을 장황하게 늘어놓는다. 의사결정이 느리고 감정을 번복한다. 불평을 하지만 해결책이 없고 영업인의 빠른 말투나 큰 음성은 안정감을 깨니 주의가 필요하다. 정중하게 경청해주고 배려해주면 좋아한다. 문제를 순차적으로 해결해주면 신뢰감이 급상승하는 스타일이다. 모든 상황이 끝나고 나면 발동 걸리는 성격이라 초반에 신뢰를 쌓아놓는 것이 중요하다.

예를 들면, "고객님, 말씀 너무 잘 들었습니다. 제가 생각하기에 첫 번째로 해결해야 할 문제는 현재 고객님이 납입하는 보험료인데, 그 부담을 줄여주는 방법을 찾아보겠습니다." 계약 체결 후에 이것저것 알아보고 불만을 제기할 수 있으나 불평만 안아주면 충성 고객이 될 수 있다.

내가 처음이자 마지막으로 태아 보험을 가입해줬던 고객님은 항상 기분이 좋고 감정표현이 솔직하신 분이었다. 그때는 이런 유형에 대해서 잘 몰랐는데 지금 생각해보니 사교형이었던 것 같다. 처음으로 내게 상담 신청을 해서 만나게 된 고객이다. 전화 통화로 약속을 잡는데 흥이 넘치는 분이었다. 상담 약속을 잡으며 고객님이 계신 곳까지 가겠다고 했다. 나는 안양에서 파주까지 고객을 만나러 갔다. 커피숍에서 고객님을 기다리는데 저 멀리서부터 고객님의 목소리가 들려왔다.

"안녕하세요. 여기까지 와주셔서 정말 감사해요. 제가 출판사에서 일하는데 제가 없으면 일이 안 돌아간다고 해서 시간을 뺄 수가 없어서요."

"그럼요. 고객님 바쁘신 거 보니까 회사에서 능력 있으신가 봐요. 임신도 하셨는데 먼길 다니시면 위험하니까요."

"제가 좀 완벽주의자라서 그런 것 같아요. 저 안 그래도 태아보험 엄청 알아봤는데 OO손해보험이 제일 낫더라구요."

"그럼요, 고객님이 정말 잘 선택하신 거예요."

"남편이 다 저보고 알아서 하래서 피곤해 죽겠어요. 임신하니까 몸도 피곤해 죽겠는데 아무튼 남자들은 별로 도움이 안 돼요. 설계사님은 결혼하셨어요? 아이도 있구요?"

"딸 한 명 있어요. 너무 힘들다가도 아이 보면 에너지가 생기고 그래요."

"저도 진짜 딸 갖고 싶어요. 성별 너무 궁금해 미치겠는데…."

고객님의 에너지가 너무 좋아서 끊임없이 다른 이야기로 주제가 흘러 들어갔다. 사인을 받을 때까지 나는 거의 2시간이나 고객님의 말벗이 되어줬다. 엄청 바쁘시다더니. 사인을 받고 커피숍을 나오는데 고객이 갑자기 집 주소를 알려달라는 것이다. 나는 살짝 당황해서 말했다.

"저희 집 주소는 왜 물어보세요?"

"아~ 저 출판사 다니잖아요. 요번에 하루 명언이라고 책이 하나 나오는데 한 번씩 읽으면 좋을 것 같아서 설계사님 선물 드리려구요."

"와아~ 진짜요? 너무 감사합니다."

고객을 만나고 온 후 이틀이 지났을 때 고객이 말해준 책을 택배로 받았다. 박스를 뜯어보니 작은 엽서와 함께 책 한 권이 들어 있었다. 엽서에도 역시 고객님의 흥이 가득 담긴 기분 좋은 메시지가 쓰여 있었다. 나는 곧장 고객에게 전화하여 감사의 인사를 드렸다. 고객님은 태아보험 잘 가입할 수 있게 도와줘서 주는 선물이라고 했다. 영업을 시작하고 고객에게 처음으로 선물을 받은 날을 잊지 못한다.

지피지기면 백전백승이라고 했다. 뭐든지 모르는 것보다 아는 것이 훨씬 유리하다. 열심히 영업 준비해서 상담했는데 고객의 성향을 잘못 건드려 실패했다면 너무 억울하지 않은가. 예전처럼 무조건 고객에게 친절하게 상담해야 하는 시대는 지났다. 고객의 성향을 미리 파악하고 버릴 건지 남길 건지 결정하는 편이 에너지 소모도 줄어든다. 굳이 상대하기 어려운 고객에게 감정을 다쳐가며 영업을 할 필요는 없다. 하지만 성공하는 영업인으로 자리 잡기 위해서는 실전에서 치열하게 싸워봐야 한다. 물론 초보 영업인들은 처음부터 그 싸움이 쉽지는 않을 것이다. 고객을 만나 실패하고 성공하고의 반복을 통해서 경험치가 쌓이고 고객을 구별하는 기술이 생기는 것이다.

세상에 5가지 성향의 사람들만 있는 것은 아니다. 이런 거 많이 알고 있다고 영업을 잘하는 것은 아니다. 성공한 영업인들은 실전에서 길러진 촉이 있다. 이런 성향을 다 알지 않아도 고객과의 싸움에서 백전백승이 가능하다. 하지만 초보 영업인들은 고객의 성향을 파악해서 응대할 만한 촉이 아직 발달되어 있지 않다. 5가지 고객 성향은 초보 영업인이 실전에서 촉을 길러낼 수 있는 길라잡이가 될 것이다.

07

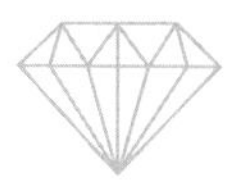

충성 고객으로 만드는 한마디

영업을 하다 보면 다양한 사람들을 만나게 된다. 그들에게 나를 적극적으로 어필하고 계약을 이루어지게 만드는 것이 영업이다. 영업인은 기본적으로 고객의 입장에서 먼저 생각하고 마음에서 우러나오는 진정성으로 고객을 위할 줄 알아야 한다. 이런 진정성 있는 마음이 고객에게는 '말'로 전달된다.

나는 그동안 살아오면서 사람들에게 특별히 모나게 굴었던 적이 없다. '내가 조금 손해 보더라도 좋은 게 좋은 거다.'라고 생각하며 살았다. 그래서 나는 어떤 일을 시작하든 나를 좋아해주고 응원해줄 거라고 생각했다. 내가 이렇게 이해하며 살아왔으니 분명 고객들은 내 말을 다 들어주고 이해해주며 오래도록 관계를 유지할 것으로 생각했다.

나는 30대 초반에 아이들 영어를 가르치다 부업으로 아동복 쇼핑몰을 운영한 적이 있다. 매일 같이 새벽에 남대문 시장에 가서 옷을 사고 집에 돌아와서는 열심히 촬영해서 홈페이지에 게시했다. 아무것도 모르고 뛰어든 사업이었지만 나름 괜찮은 시작이었다. 그런데 두 가지 일을 하다 보니 힘들기도 하지만 정신이 없었다. 주문이 들어오면 옷을 깨끗하게 포장해서 항상 막대사탕 두 알과 비타민 두 알을 넣고 자필 메모를 동봉하여 택배를 보냈다.

아동복은 재고 관리가 아주 중요하다. 도매시장에서 아동복을 구매할 때 하나의 옷마다 모든 사이즈를 다 같이 구매하여야 한다. 그래서 잘 안 팔리는 사이즈들의 옷이 재고로 남는다. 나는 그런 재고를 남기지 않으려 할인 이벤트도 해가며 운영을 하고 있었다.

그러던 어느 날, 아동복을 구매한 고객으로부터 전화가 왔다. 옷을 받았는데 사탕이 녹아 옷에 흘러내려서 입을 수가 없다며 환불을 요구했다. 아이가 그날 꼭 입어야 하는 옷이었는데 이렇게 옷을 보내면 어쩌냐고 화를 내며 꼭 후기 남기겠다고 으름장을 놨다.

"죄송합니다, 고객님 꼭 필요한 옷이었는데 죄송하게 생각합니다. 다만 환불은 고객님께서 옷을 반품해주셔야 진행이 가능하니 택배로 보내주시겠어요?"

"이봐요, 당장 입히려고 산 옷인데 지금 입지도 못하고 기분만 상하고 환불도 못 해준다, 반품부터 해라 이게 말이 됩니까? 내가 버린 시간은 어떻게 해결할 건데요?"

"고객님, 환불을 안 해드리겠다는 말이 아니고 반품을 먼저 해주시면 환불 진행이 가능하다고 말씀드린 거예요."

"내가 또 시간 내서 택배까지 보내라고? 난 그렇게는 못 하니까 알아서 하시고 환불이나 해줘요."

"그럼 고객님, 제가 고객님 댁으로 방문해서 교환을 하든 반품을 하든 도와드려도 될까요?"

"알아서 찾아가시든지 맘대로 하시고 환불이나 해줘요."

괜히 욱하는 성격에 나는 그날 38,000원짜리 옷을 돌려받으러 대전으로 내려갔다. 내려가는 내내 나는 어떻게 해결하는 것이 가장 좋은 방법일까 고민했다. 대전 ㅇㅇ아파트에 도착하여 고객에게 반품할 옷을 달라고 했다. 그리고 고객에게 진심으로 사과를 하고 환불을 진행했다. 고객은 진짜 올지는 몰랐다고 하며 아이가 옷을 입어야 되는 상황인데 일이 꼬여서 화가 났다고 했다.

"사장님, 아이 안 키워봤죠?"

"네, 아직 결혼을 안 했어요."

"나중에 아이를 키우다가 보면 별것도 아닌 일에 성질내고 이런 상황이 되면 화가 날 수도 있어요. 아이는 옷 못 입게 됐다고 울고불고 난리지. 대충 빨아서 입힐까도 했는데 옷이 끈적끈적 다 들러붙어 있지. 아무튼 아줌마가 되면 좀 그렇게 돼요. 내 새끼가 입을 옷이다, 생각하고 신경 쓰시면 더 잘되실 거예요."

나는 다시 한번 깊이 사과하고 집으로 왔고 사탕은 다시는 동봉하지 않겠다고 다짐했다. 아이를 키워본 적이 없어서 '내 아이에게'라는 생각을 하며 운영을 하지 않았다. 그저 돈이나 더 벌어볼 심산으로 운영을 했던 것이다. 그 사건 이후 나는 좀 더 꼼꼼하게 물건을 챙겨 택배를 보냈다. 그 고객은 내가 쇼핑몰을 닫을 때까지 계절마다 아이의 옷을 구매하며 나의 충성 고객이 되었다.

요즘 사람들은 모든 것을 차고 넘치게 가지고 살고 있지만 마음 한구석에는 외로움과 욕구불만이 쌓여 있다. 고객의 화받이가 되라는 말은 아니다. 내 경험에 의하면 진심어린 마음으로 고객의 불만을 들어주고 같이 공감하며 이야기하면 금세 마음이 풀어지고 내게 미안한 마음을 갖는다. 고객은 그 상황에 대한 불만을 표시할 뿐 영업인에게 불만이 있는 것은 아니다. 내가 마음을 다해 진심으로 대하면 충성 고객이 된다.

불만고객도 충성 고객으로 만들어버리는 센스 있는 영업인이 되어야 한다. 충성 고객에게 존중받고 싶다면 영업인도 충성 고객의 말을 경청하고 존중해야 한다. 평범한 고객보다 특별한 대우를 받는다고 느끼게 해준다면 나도 성장하리라.

얼마 전 나는 휴대폰을 떨어뜨려 아직 약정이 남아 있는 휴대폰을 바꿔야만 했다. 서비스 센터를 방문했지만 고치는 비용이 너무 많이 나올 것 같다고 휴대폰을 변경하는 것이 나을 것 같다고 했다. 전화 통화까지 안 되는 상황이라 나는 급히 휴대폰 매장을 찾아갔다. 집 앞에 새로 오픈한 휴대폰 매장이 있었기에 들어갔다. 판매원이 나의 휴대폰을 조회하여 약정기간, 데이터 사용량, 위약금 등 모든 걸 조회해줬다. 그리고 원하는 기종의 휴대폰이 있는지 자세히 물어보고 선택한 기종의 요금까지 자세히 알려주었다. 곧 2년 약정이라는 휴대폰 노예에서 벗어나나 싶었다. 하지만 나는 선택의 여지 없이 휴대폰을 구매하게 되었다. 부서진 휴대폰에서 사진, 전화번호 등을 새 휴대폰에 옮기는 작업을 하는 시간이 걸려 기다리고 있는데 판매원이 다가왔다.

"고객님, 기다리시는 동안 안내해드릴게요. 오늘 변경하신 휴대폰의 부가서비스는 6개월 후에 해지하시면 되는데 그건 저희가 연락하면 해지하시구요. 부서진 휴대폰은 제가 특별히 금액 좀 잘 받아달라고 연락해놨습니다. 그리고 저희 매장에서 휴대폰 구매하셨으니까 앞으로 평생 액정 보호필름과 휴대폰 케이스는 무상으로 제공해드리니까 괜히 다른 데 가서 사지 마세요."

"아~ 진짜요? 감사합니다."

휴대폰을 들고 나오는데 어쩐지 기분이 좋았다. 예전부터 휴대폰을 구매하면서 여러 판매원들을 봤다. 항상 돈만 쓴 기분으로 매장을 나섰다. 하지만 그 판매원은 짧은 시간이었지만 내가 신경 써야 할 부분을 모두 해결해주었다. 나는 처음으로 이 매장이 비싸다 할지라도 그 판매원에게 구매하고 싶다는 생각이 들었다. 나는 그 휴대폰 매장의 판매원에게 충성 고객이 된 것이다. 휴대폰을 바꾸려는 지인들에게 강력 추천하고 소개를 해주기도 했다. 그리고 얼마 후 휴대폰 판매 사원으로부터 연락이 왔다. 자신과 친한 고객님이 한 분 있는데 얘기를 하다 보니 보험설계사 소개 요청을 한 것이다. 소개받아 만난 그 고객은 나와 상담을 한 후 바로 계약을 진행했다.

성공한 영업인들은 사후 관리에 충실하다. 영업은 계약만 받았다고 끝나는 업무가 아니다. 상품을 선택 후 불편함은 없는지 더 필요한 것이 있는지 확인해야 한다. 이렇게 사후 관리를 하게 되면 내가 말하지 않아도 소개 요청이 나올 수 있다. 계약을 받고 사후 관리를 잘 하지 않는 영업인들이 있다. 이런 영업인들의 끝은 뻔하다. 소개받는 고객 하나 없이 매일 고객을 찾으러 다니다 끝내 지쳐 영업을 포기한다. 영업의 세계는 점점 치열해지고 지식과 영업 스킬이 계속 강화되고 있다. 그런 세계에서 내가 싸워 이기려면 방법은 딱 하나다. 바로 고객 사후 관리이다. 상품을 구매했거나 계약을 했다면 진정성 있는 감사의 인사를 해야 한다. 고객은 상품을 보고 선택한 것이 아니라 영업인을 보고 선택한 것이기 때문이다.

첫 만남부터 계약까지 잘 맞추고 사후 관리가 없다면 고객은 얼마든지 돌아설 수 있기 때문이다. 고객이 돌아서지 않고 끝까지 나를 바라보게 하는 기술이 바로 고객 사후 관리이다.

우리는 살아가면서 좋은 사람을 만나면 가족이나 친구에게 소개를 시켜주고 싶은 마음이 든다. 우리 같은 영업인도 고객에게 좋은 인상을 각인시켜주면 주변의 사람들에게 소개를 해준다. 나를 위한 키맨이 되는 것이다. 한 명의 키맨이 나를 대신해 영업을 해주는 것이다. 한 명의 키맨이 나를 성공한 영업자로 만들어줄 수 있다. 키맨의 힘은 어마어마하다. 키맨의 영업 능력은 광고나, 언론 기사들보다 강력한 힘을 가지고 있다. 100명의 신규 고객을 만드는 것도 좋지만 단 한 명의 키맨이 든든한 나의 지원군이 될 것이다.

SALES SKILLS

4장

YES를 끌어내는 8가지 비밀

01

첫 1분에 당신을 보여줘라

"언니, 완전 오랜만이에요. 잘 지냈어요?"

"그래, 오랜만이다. 근데 너 너무 편하게 나온 거 아니야?"

"언니랑 만나는 건데 뭘 그래요."

"야, 그래도 사람이 기본적인 예의가 있지. 아무리 친해도 민낯에 트레이닝복은 아니지 않니? 영업한다는 애가 왜 그러고 다니는 거야?"

"에이~ 처음 만나 사이도 아니고 편하게 살자구요."

내가 얼마 전 친한 언니를 만났을 때 했던 이야기다. 나는 예전에 한때 유행했던 '건어물녀'에 가까운 사람이다. 일을 할 때는 유능하고 세련

된 모습으로 꾸미고 다닌다. 하지만 집에 있을 때는 오징어 다리나 뜯으며 술 마실 것 같은 편한 차림으로 지낸다. 그런데 저렇게 이야기하는 언니의 얘기를 듣고 나의 첫인상은 정말 괜찮을까 하는 생각이 들었다.

우리가 타인에 대한 인상을 형성할 때 즉 첫인상을 보면 '초두 효과'라는 것이 있다. 초두 효과는 첫인상이 좋으면 뒤에 비록 나쁜 인상을 주는 단서가 나와도 무시하게 된다는 것이다. 그러나 첫인상이 좋지 않을 경우 그 첫인상을 좋게 바꾸기 위해서는 40시간 이상 만나야 그 틀을 조금이라도 깰 수 있다. 첫인상은 외모, 표정, 분위기, 목소리 톤, 태도 등으로 평가하게 된다. 외모만으로 상대를 완벽하게 평가할 수는 없지만 상당 부분은 짐작할 수 있다.

5초의 법칙이라는 말이 있다. 누군가를 처음 만나서 첫 5초 동안 느낀 이미지가 평생 그 사람을 평가하는 기준으로 작용한다. 영업인인 우리에게는 매출의 성과로 작용할 것이다. 그렇다면 고객이 나를 처음 보고 첫인상을 판단할 수 있는 기준은 뭐가 있을까? 가장 먼저 외적인 부분으로 나를 판단할 것이다. 단정히 손질된 머리, 진하지 않은 화장, 깔끔하고 야하지 않은 정장 그리고 밝고 자신감 있는 표정이 고객이 나를 마주하는 첫 모습이다.

여자 영업인이라면 특히나 신경써야 할 것이 화장, 향기 그리고 가방이다. 영업을 잘하는 사람들은 항상 자기 관리가 철저하다. 진한 화장도 모자라 떡진 얼굴에 싸구려 화장품 냄새를 좋아하는 사람은 없을 것이다. 향기 나는 사람은 아름답지만 과도한 향수 남발은 오히려 머리가 아플 만큼 역하다. 집에서 장볼 때나 들고 다닐 법한 에코백을 들고 나타난 첫인상이 좋을 리가 없다. 영업의 실적이 올라가고 싶다면 자신부터 꾸미고 가꿔야 한다. 모든 사람들은 예쁘고 멋진 사람을 좋아한다. 고객도 마찬가지다. 그렇다고 성형을 하고 비싼 메이커만 찾으라는 것이 아니다. 조금 더 전문적인 모습을 보일 수 있도록 나를 예쁘게 포장해야 고객이 궁금해하고 알고 싶어 한다.

나는 조금 더 전문적이고 멋진 스타일을 만들기 위해서 이미지 컨설팅 친구에게 상담을 받은 적이 있다. 나에게 어울리는 색상, 헤어스타일, 이미지에 맞는 화장법 등을 세세하게 알려줬다. '나는 꾸미는 것에 관심도 없고 할 줄 몰라.' 라고 생각하는 영업인이라면 본인을 위해서 이미지 컨설팅을 받아보는 것도 권장한다. 평소에도 나는 외모에 관심이 많고 특히 일할 때는 더더욱 신경을 많이 쓰는 편이다. 우리나라에서 남에게 보여지는 겉모습은 아주 중요한 덕목 중에 하나다. 과거에는 미운 놈 떡 하나 더 줬다면 요즘은 이쁜 놈 떡 하나 더 주는 시대라는 것을 나는 알기 때문이다.

고객 약속이 취소되어 사무실에서 근무한 날이 있었다. 우리 팀에는 나보다 나이가 좀 더 있는 아주머니 설계사분도 꽤 많았다. 아주머니 설계사분들은 늘 출근할 때 고무줄 슬랙스 바지에 티셔츠를 입고 에코백을 들고 도시락을 싸들고 출근하셨다. 보통 고객들이 지점으로 찾아오는 경우는 드물다. 그런데 그날 고객 한 분이 갑자기 지점에 오셨다. 50대 중반 정도로 되어 보이는 고객님이 정말 세련되고 우아한 차림으로 오셨다. 말하는 표정부터 눈빛까지 자신감이 몸에서 흘러내렸다. 고객에게 정신이 팔려 있던 중 마중 나간 담당 설계사는 동네 슈퍼 가는 차림으로 사무실 슬리퍼를 신고 고객을 맞았다. 내가 얼굴이 화끈거릴 정도로 민망한 일이었다. 그 후로 우리 팀은 전원 정장 출근이라는 규칙이 생겼다.

의외로 자기 관리를 전혀 하지 않으면서 사람은 겉보다 속이 중요하다고 합리화시키는 영업인들이 많다. 고객은 처음 본 당신에게 오랜 시간을 주지 않는다. 5초 안에 당신의 말을 들어줄 것인지 아닌지를 결정한다. 영업에 성공하고 싶다면 고객의 마음을 사로잡을 수 있도록 나의 외모를 가꾸는 영업인이 되자.

5초의 법칙으로 외모를 통과했다면 그다음은 인사로 시작하는 말투다. 품격 있는 말투로 고객의 호감을 사는 것은 첫인상부터 마무리까지 가장 중요한 요소이다. 말투라는 것은 '밖으로 나타나는 모습'이다. 그래서 시간과 장소에 따라 말투는 달라져야 한다. 내 아이들과 놀아줄 때, 연인과 데이트를 할 때, 직장 상사에게 보고할 때, 고객을 만났을 때 등 목적과 상황에서 말투는 달라져야 한다. 말투는 나를 나타내는 인격이다. 영업인의 말투가 저속하면 5초가 좋았다 하더라도 첫인상은 추락하게 된다.

게다가 영업인의 저급한 말투가 변하지 않는다면 내가 가지고 있는 상품의 가치가 급격히 떨어진다. 그러면 고객은 더 이상 나의 이야기를 들어주지 않는다.

나는 내 목소리에 콤플렉스가 있다. 어려서부터 앓고 있는 비염 때문에 항상 코맹맹이 소리가 난다. 어렸을 때는 아이니까 코맹맹이 소리도 귀엽다고 하며 들어줄 만하다. 하지만 나이가 들어가면서 비염도 더 심해졌지만 목소리는 여전히 맹맹하다. 예전에 통신사 고객센터에서 근무한 적이 있다. 내가 근무하던 부서는 95% 이상이 불만을 가지고 인입된다. 통화품질 문제를 해결해주는 부서였기 때문이다. 부서의 특성상 약간 낮은 톤의 점잖은 목소리를 요하는 부서이기도 했다. 코맹맹이 목소리에 걱정도 많이 했지만 근무 기간 동안 고객 만족도에서 친절 상담사 상위 그룹에서 내려간 적이 없다. 어느 날 정말 화가 난 고객이 씩씩거리며 인입되었다.

"안녕하십니까? 행복을 드리는 친절 상담사 김유나입니다."

"행복 같은 소리 하고 있네! 내가 요금을 얼마나 많이 내는데 전화가 안 되면 어쩌라는 거야!! 나는 상담사랑은 말하기 싫으니까 상위자 바꿔!"

화를 가라앉히지 못하고 계속 화를 내며 상위자만 찾던 고객을 달래고 있는데 고객이 내게 말했다.

"댁은 목소리가 왜 그래? 지금 나 가지고 놀리는 거야? 열 받아 죽겠는데 왜 자꾸 앵앵거려?"

"아, 고객님, 제 목소리가 불편하셨다면 정말 죄송합니다. 제가 비염이 있어서 그렇게 들렸나 봅니다. 죄송합니다."

"그럼 일을 하지를 말든가 코를 풀고 통화를 하든가!!! 가서 코 풀고 와!!"

"네, 고객님 잠시만 기다려주시겠습니까?"

(잠시 후)

"고객님, 코 풀고 왔는데 이제는 불편하지 않으십니까? 그리고 괜찮으시다면 제가 고객님의 상담을 도와드려도 될까요?"

그러자 갑자기 고객이 약간 어이없다는 듯 웃으셨다. 그리고는 화가 한풀 꺾인 듯한 목소리로 불만 상담을 하고 통화 끝에 친절하게 상담해줘서 고맙다고 했다. 단순히 목소리 때문에, 혹은 내 대처가 어이없어서 나온 반응은 아닐 것이다. 목소리는 만족하지 못했겠지만 고객에 대한 예의를 갖춘 차분한 말투였기 때문일 것이다.

나는 고객센터에서 일한 경험이 고객들과 상담할 때 많은 도움이 되었다. 고객센터에서는 고객의 불만을 대처하는 자세나 사람에게 호감 가는 말투, 억양 등을 교육시켜준다. 그래서 나는 불만을 표출하거나 궁금한 점이 있는 고객들에게는 예전에 교육받은 것을 이용한다. 전화로 상담을 할 때는 얼굴이 보이지 않기 때문에 전화하듯이 차근차근 또박또박 이야기를 하면 고객들은 조금 더 집중하고 들어준다.

대면 영업이든 전화 영업이든 저속한 말투와 서두르는 말투는 고객을 불안하게 만든다. 내가 내뱉은 말은 결국 나에게 영향이 돌아온다. 긍정적인 말을 해야 긍정적인 결과가 오듯이, 품격 있는 말을 해야 품격 있는 영업인이 되고 품격 있는 고객이 생긴다. 앞에서 말한 것처럼 말투에는 품격이 있다. 그리고 그 안에 그 사람의 성격과 마인드가 모두 들어 있다. 말투는 버릇일 뿐 본성이 아니기 때문에 노력하면 충분히 바꿀 수 있다. 평소 나의 말투는 어떤지, 나를 돌아보는 것이 말투를 고칠 수 있는 노력의 시작이다.

어느 고객도 영업인을 오랜 시간 곁에 두고 싶어 하는 마음 따위는 없다. 고객의 필요에 의해서 만나는 존재일 뿐이다. 항상 고객보다 여유 있게 행동해야 한다. 또한 나를 예쁘게 포장하고 품격 있는 말투로 첫 1분을 보여준다면 당신은 고객의 1시간을 설레게 해줄 수 있을 것이다.

02

나만의 스크립트를 만들어라

어떤 연구 결과에 의하면 우리는 하루에 약 400번 정도의 설득을 당한다고 한다. 이것을 반대로 생각해보면 우리도 누군가를 매일 그리고 생각보다 많이 설득하고 있다는 말이다. 하물며 우리는 늘 설득을 해야 하는 영업일을 하고 있으니 평균치보다 훨씬 많은 설득을 시도하고 있다는 말이다.

심리학에서 '에피소드 설득'이라고 하는 용어가 있다. '에피소드 설득'이란 상대방을 설득하기 위하여 구체적인 사례나 에피소드를 이야기해주어 경계를 허물어 마음을 열게 하는 방법을 말한다. 과거에 실제로 겪은 자신의 경험담이나 스토리를 이야기함으로써 남들에게 동정을 가지게 함과 동시에 감정에 호소할 수도 있다. 그 호소로 인해 상대방의 마음을 움직여 설득시킬 수도 있다. 특히 나의 에피소드가 내가 판매하려는 상품 혹은 주제와 잘 맞아떨어지면 틀림없이 상대방의 마음을 움직일 수 있다. 누구나 자신만이 갖고 있는 에피소드가 있다. 대부분의 사람들은 그 에피소드를 특별하게 여기지 않는 경우가 많다. 하지만 에피소드를 들은 누군가는 특별한 경험을 듣는다고 생각할 수 있다.

내가 처음 회사에 입사했을 때 받은 교육은 고객 상담 스크립트를 외우는 것이었다. A4 용지로 세 장 정도 되는 스크립트에는 여러 가지 내용이 있었다. 아이스 브레이킹을 시작으로 나를 소개하고 니즈 환기를 하고 그에 맞는 상품을 소개한다. 그리고 거절 처리법을 외우는 식의 스크립트였다. 회사에서 외우라고 하니 외우기는 하는데 읽어가면서도 무슨 뜻인지 모르겠고 내 마음에도 크게 와닿지 않았다. 그러나 우리 지점장님은 성과 좋으신 분들의 멘트를 따서 만든 것이라며 열심히 하라는 말뿐이었다. 스크립트를 달달 외우고 나면 모의 상담을 하고 합격을 하면 고객을 만나러 간다.

나는 회사에서 알려준 스크립트로 고객과 상담을 해서 계약을 받은 적이 없다. 계약 확률이 낮아지니 영업도 하기 싫고 고객을 만나러 가기도 싫었다. 그러나 나는 돈을 벌어야 했기 때문에 마냥 있을 수는 없었다. 주변에서 영업을 잘할 수 있다는 강의가 있으면 주저 없이 들으러 다녔다. 또 회사에서 경력도 화려한 선배들의 미팅 장소를 쫓아다니며 배우기도 했다. 여러 강의를 듣고 보니 먼저 '나'를 알아야 성장할 수 있고 나의 이야기를 담아내야 고객의 반응이 생긴다는 결론을 내렸다. 그래서 나는 먼저 회사에서 준 스크립트부터 뜯어고치기로 마음먹고 내가 경험했던 일부터 사소한 것까지 연결시켜 이야기할 수 있도록 고치느라 수없이 쓰고 지우고를 반복했다.

그러다 문득 엄마를 떠올렸다. 그때 당시 우리 엄마는 많이 편찮으셨고 보험도 하나 없어서 힘들던 기억이 났다. 나는 종합보험을 기준으로 나만의 이야기가 담긴 스크립트를 만들기 시작했다. 내가 좋아하는 담보 위주로 강력하게 이야기할 수 있게 나의 이야기를 스크립트로 만들었다. 내가 직접 겪은 일들을 스크립트로 만들다 보니 내 입에 착착 붙고 외우지 않아도 술술 나올 정도였다. 그리고 내가 느꼈던 감정들을 고객들도 고스란히 느끼는 것 같았다. 고객들을 만나 나를 소개하고 사전 조사를 하면서 나의 경험을 이야기하며 상담을 했다.

갑자기 절뚝거리며 걸어가는 달라진 엄마의 걸음걸이, 나에게 한글을 가르쳐주던 엄마의 어눌한 발음, 서서히 안 보이는 눈과 점점 멀어가는 귀, 약을 너무 오랫동안 먹어 신장에 무리가 와 신장 투석을 받고 있는 이야기, 엄마가 뇌졸중 진단을 받기 하루 전에 가지고 있던 보험 다 해지한 이야기, 내가 치아 보험으로 3,000만 원이나 보상받은 이야기, 자금이 필요했던 회사에 내가 자금을 받을 수 있게 도와준 이야기, 2,000만

원가량의 세금을 환급받게 해준 이야기 등등. 별로 특별할 것 없는 내가 생활하면서 실제로 겪었던 내 사연들을 들려줬다. 고객들은 순식간에 나에게 빠져들었다.

보험설계사라는 영업인이 내게 온 것은 상품을 권유할 것이란 걸 뻔히 아는데 불편하고 경계심이 생길 수밖에 없다. 그러나 내가 이런 시시콜콜한 에피소드를 곁들여서 이야기를 하게 되면 고객과 나 사이의 경계가 무너지고 고객은 내가 하는 말에 관심을 갖게 된다. 그러면 고객들은 약간의 경계심을 풀고 자신들의 이야기를 술술 꺼낸다. 자신들의 가족, 지인, 친구 이야기까지 나에게 털어놓는다. 그럴 때는 영업인과 고객이 아닌 동네 친구를 만나는 듯한 기분으로 상담을 한다.

그런 방법으로 계약 체결률이 높아지자 회사에서 내가 어떤 식으로 상담을 하는지 발표를 시킨 적이 있다. 발표를 듣고 선배 동료 한 분이 내게 말했다.

"그렇게 엄마 팔고 신파 찍어서 계약 받으면 좋아? 난 아무리 돈이 좋아도 가족까지 들먹이면서 고객한테 말하기는 싫던데."

"정 팀장님, 저는 엄마 아니라 가족을 팔면서 상담을 한 적이 없어요. 저는 그냥 저의 에피소드를 고객에게 이야기해줬을 뿐이죠. 그냥 제가 계약 많이 하는 거 부러우면 부럽다고 말씀하시죠. 정 팀장님은 한 번이라도 이런 고민을 해보거나 본인을 조금 내려놓고 과거 경험을 이야기하며 고객들과 소통이라는 걸 해보신 적은 있으신가요?"

분명 정 팀장님 같은 생각을 하는 사람도 있을 것이다. 그러나 이왕 영업을 하기로 시작했고 돈을 벌기로 마음먹었다면 안 되는 방법을 떠나 되는 방법을 찾아봐야 하지 않을까. 나는 한 번도 가족을 팔아서 돈을 벌었다고 생각해본 적이 없다. 특별하지 않은 나의 일상을 에피소드로 이야기하며 고객과 소통하기 위해 연구하고 고민했다.

그 결과 고객은 내 진심을 받아들일 수 있었던 것이라 생각한다. 아무리 좋은 이야기도 다른 사람의 이야기는 고객의 마음을 움직이기는 힘들다. 내 에피소드가 아닌 다른 사람의 에피소드를 이야기하면 의심만 커질 뿐이다. 다른 사람의 이야기에는 진정성이 결여되어 있기 때문이다. 하지만 내가 경험하고 느낀 것을 솔직하게 이야기하면 상대방이 나를 더 신뢰하고 친밀감이 형성된다는 것을 깨달았다.

내가 처음 손해보험회사에 입사했을 때까지도 나는 내가 정말 영업을 할 수 있을까 하고 걱정과 고민이 많았다. '내가 정말 영업을 하며 돈을 벌 수 있을까', '이러다 시간만 버리는 것이 아닐까?'라고 생각하며 입사하고서도 얼마 동안은 의심의 끈을 놓지 않았다. 아무에게도 이야기하지 않고 시작한 영업이라 고민을 털어놓을 사람조차도 없었다. 그저 돈을 벌기 위해 입사했는데 주변에서 들리는 영업에 대한 안 좋은 인식과 이야기들이 그냥 흘려들어지지 않았다. 그런 사소한 말들도 내게는 걱정으로 승화되고 점점 자신감이 줄어들었다. 그때 우리 팀을 담당하던 매니저와 저녁 식사를 같이 하게 되었다.

"김유나 팀장, 여기는 밖이니까 유나라고 부를게. 유나는 동생 같아서 같이 오래 함께 일하고 싶어. 나도 처음에 일을 시작하면서 의심도 많이 했고 걱정도 많았어. 나는 정말 썩은 동아줄이라도 잡는 심정으로 일을 시작했어. 남편은 나랑 안 살겠다고 나갔지, 세 살짜리 아이는 키워야 하지…. 고민하던 찰나에 영업을 시작하게 됐는데 더러운 꼴도 많이 보고 겪었어. 남편이 벌어다 주는 돈으로 집에서 살림만 하는 친구들이 부러울 정도였으니까. 일하기 싫었던 적도 엄청 많았거든. 그런데 오로지 내 목표는 딱 하나였어. 내 새끼 굶기는 일은 없게 하자. 그래서 나는 더러운 꼴도 참고 버틴다는 생각으로 일했거든."

매니저의 이야기를 듣고 나의 걱정과 고민이 조금씩 풀어지기 시작했다. 이때 내가 깨달은 것은 의심으로 가득 찬 사람에게 확신을 심어주기 위해서는 백 마디 좋은 말보다 자기만의 경험이 담긴 에피소드를 나누어 주는 것이 중요하다는 사실이었다. 지금까지도 나의 가장 가까운 사람으로 좋은 말을 해주는 성공한 영업인 중의 한 분으로 내 곁을 지켜주신다.

내가 책을 쓸 수 있게 도움을 받고 있는 〈한국책쓰기1인창업코칭협회〉의 김도사님께서 내가 책을 쓰기 시작하고 어떻게 써야 할지 고민하고 있을 때 해주신 말씀이 있다.

"자신이 특별한 존재가 아니라 생각하고 자신의 경험이 특별한 것이 아니라고 생각하는 것은 너무 위험한 생각이다. 누군가는 그 책 속에 저자의 경험을 읽어가며 공감하고 배워갈 수 있는 것들이 너무나도 많다. 같은 처지에 놓여 있는 사람들이 그 책을 읽었을 때 큰 도움이 될 수 있음을 항상 기억하라."

영업을 할 때도 누구나 한 번쯤 들어봤던 스크립트에 쓰여 있는 추상적인 이야기에 대해서는 쉽게 공감할 수 없다. 지금 당신의 스크립트는 어떻게 쓰여 있는지 확인해보라. 나의 감정이 배어 있고 나의 경험이 묻어 있는 에피소드를 고객에게 이야기하고자 하는지. 모든 사람은 사소하더라도 에피소드를 가지고 있다. 지금 당장 고객이 공감할 수 있는 진짜 스크립트를 만들어 고객에게 이야기해보라.

03

상품이 부각되게 포장하라

발렌타인데이에 딸에게 선물할 초콜릿을 사러 편의점에 들렀다. 수십 가지의 상품들이 진열되어 있었고 반짝반짝 화려하게 꾸며진 초콜릿들이 진열되어 있었다. 어떤 걸 우리 아이가 제일 좋아할까 고민하다 나는 작은 곰돌이 인형이 달린 초콜릿을 구입해 딸에게 선물했다. 그때 네 살이었던 우리 딸은 곰돌이만 가지고 싶고 초콜릿은 먹기 싫다고 하여 내가 먹으려고 뜯었다. 내용물을 보고 있으니 너무나 화가 났다. 18,000원이나 주고 구매한 것인데, 3,000원이면 살 수 있는 인형 하나에 금박 포장된 초콜릿 세 알, 불량 식품 같은 초코 과자 두어 개가 전부였다. 너무나 과하고 이쁜 포장에 부실한 내용물은 내게 실망만 주고 말았다.

실망은 했지만 아이는 곰돌이에 즐거워했고 그 많은 상품들 중에서 내가 선택할 만큼 상품은 예쁘게 포장되어 있었다. 영업도 마찬가지다. 넘쳐나는 상품들과 수많은 영업인들 사이에서 상품의 가치를 잘 포장하여 전달하는 영업인들은 성공한다. 똑같은 상품이라도 초콜릿처럼 예쁘게 포장하여 눈에 띄게 만들면 경쟁자를 물리치고 이길 수 있다.

상품을 부각하는 일은 아주 어려운 일이 아니다. 간단하게 포인트만 있어도 상품의 가치는 몇 배로 올라간다. 상품에 가치를 더해주면 그 상품은 미친 듯이 팔려나간다. 우리가 말하는 상품에는 눈에 보이는 유형의 상품과 눈에 보이지 않는 무형의 상품이 있다. 눈에 보이는 상품에는 포인트를 주면 부각된다. 눈에 보이지 않는 상품에는 가치를 불어 넣으면 상품이 부각된다.

예전에 지인의 부탁으로 어느 투자 회사의 설명회를 참석한 적이 있다. 투자 회사의 회장은 젊은 부호로 지금까지 그 사업을 성공시키기 위해 12번의 실패를 경험하고 그 자리까지 올랐다고 했다. 나랑 비슷한 나이의 그 회장은 어떻게 저렇게 큰 자리까지 올라갈 수 있었을까? 그 답은 간단했다. 바로 고객에게 가치를 알려주면 된다는 것이었다.

"여러분, 고객에게 가치를 잘 전달하는 사람만이 성공할 수 있습니다. 여러분이 사랑하는 사람에게 선물하려고 보석 가게에 들어갔어요. 신문지에 포장되어 있는 반지와 리본과 반짝반짝한 포장지에 포장되어 있는 반지 중에 어떤 반지를 고르시겠어요?"

대부분의 청중들이 예쁘게 포장되어 있는 반지를 선택했다.

"사실은 신문지에 포장되어 있던 반지는 10캐럿의 다이아몬드 반지입니다. 리본 달린 포장지에 있던 반지는 큐빅 반지입니다. 어떠세요? 대부분의 사람들은 눈에 띄고 가치가 있어 보이는 상품을 먼저 고르죠. 아무리 좋은 다이아몬드라고 하더라도 신문지에 둘둘 말아서 전달하느냐, 볼품없는 큐빅이라도 리본도 달고 반짝반짝 예쁘게 포장하여 전달하느냐에 따라 가치가 달라집니다. 제가 이 일에서 성공할 수 있었던 것은 고객들에게 제가 가진 능력에 대한 가치를 보여줬기 때문입니다. 여러분도 가치를 만들어낼 줄 아는 사람이 되셨으면 좋겠습니다."

상품에 가치를 만드는 것은 생각보다 어렵지 않다. 예쁘게 포장하면 된다. 포장은 상품을 돋보이게 할 수 있는 중요한 역할을 한다. 유형의 상품을 영업할 때는 눈에 띄는 화려한 포장지나 리본 그리고 예쁜 카드 등으로 포인트를 줄 수 있다. 하지만 무형의 상품을 영업하는 영업인들은 우리 상품에 어떠한 말이나 행동을 덧붙이느냐에 따라 상품의 가치가 올라간다.

여자들의 평생 숙제는 다이어트라고 하지 않는가? 나도 예전에 다이어트를 다짐하고 단백질 파우더를 구입하기 위해 인터넷을 검색했다. 대한민국에서 다이어트로 사업하면 절대 망하지 않는다는 말을 이때 알게 됐다. '다이어트 단백질'이라고 검색을 하자마자 수많은 다이어트 식품들이 빼곡히 보였다. 여러 곳을 검색하다 동일한 제품을 판매하는 각자 다른 두 군데의 컨설턴트에게 문의를 했다. 동일한 식품을 팔고 있음에도 가격적인 부분도 달랐고 상품의 구성도 약간 달랐다. A컨설턴트의 상품 가격이 10%가량 저렴했다. B컨설턴트는 A컨설턴트보다 약간 비쌌지만 상품의 구성이 더 좋았다. 나는 가격 메리트가 있는 A라는 컨설턴트에게 구매해야겠다고 마음먹고 두 곳을 동시에 상담을 받았다.

"이거 먹으면 정말 살이 빠질까요?"

"그럼요. 빠지는데, 고객님이 선택한 상품보다 S라는 상품을 드셔보세요. 제가 강력 추천하는 제품이에요. 괜히 비싸게 다른 컨설턴트 제품 사지 마시고 제 말 들으면 무조건 빠지니까 S로 구매하세요."

A컨설턴트와 대략 상담을 마치고 B컨설턴트에게 상담을 받았다.

"이거 먹으면 정말 살이 빠질까요?"

"일단 확실하게 살을 뺄 수는 있습니다. 그런데 현재 고객님의 건강 상태와 기초 대사량도 알아야 하니 제가 오늘 조금 늦은 시간이라도 직접 방문해도 될까요?"

그렇게 B라는 컨설턴트는 저녁 시간이 조금 지난 후에 우리 집을 방문했다. 줄자부터 인바디를 할 수 있는 작은 기계까지 들고 왔다.

"고객님은 현재 근육량은 정상인데 체지방이 조금 있는 편이라서 고객님이 말씀해주신 상품보다는 이런 구성으로 드시면서 운동을 병행하면 다이어트 효과가 극대화될 거예요. 제가 샘플 몇 가지 챙겨 드릴 테니 한 번 드셔보시고 결정하시구요. 다이어트에 좋은 운동 방법도 카톡으로 전송해드릴게요."

"항상 이렇게 직접 방문해서 상담하시나요? 불편하고 힘들지 않으세요? 저야 이렇게 꼼꼼히 분석해서 상담 받으니 좋기는 하지만요."

"사람마다 모두 체질이 다르고 습관도 다르기 때문에 방문 상담을 하는 편이 고객님도 고객님 몸을 알 수가 있고 그래야 다이어트 실패 확률이 적어서 더 좋아요. 그리고 저한테 이렇게 연락을 주셨으니 제가 고객님께 도움이 되어야 제품도 더 잘 팔리고 고객님도 소개받고 그러는 거죠."

나는 B컨설턴트에게 내가 처음 예상했던 금액보다 비싼 상품을 구매했다. 그러나 돈을 썼다는 느낌보다 내 몸에 대한 진짜 상담을 받았다는 기분이 들어 좋았다. 처음부터 나는 가격이라는 메리트 때문에 A컨설턴트에게 구매하려고 했다. 그러나 B컨설턴트의 상담을 받고 가격이 아닌 내가 사는 상품에 가치를 더해준 B컨설턴트의 상담이 더 마음에 들었기 때문이다. 나는 그 상품을 구매하고 B컨설턴트의 꾸준한 관리로 다이어트에 성공할 수 있었다.

나는 고객이기도 하지만 영업을 하는 사람이기도 하다. 영업은 단순히 상품을 판매하는 것이 아니다. 한 분 한 분 상담을 하더라도 나의 상품을 선택할 수 있게 가치를 전달해야 한다. 상품뿐만이 아니라 영업인 자신의 가치도 같이 전달해야 한다. 영업인 자신을 명품으로 만들어야 한다. 고객들이 영업인의 가치를 먼저 알아차리고 스스로 찾아오게 하는 영업을 해야 한다.

세상에는 예쁘고 좋은 상품들이 정말 많다. 그렇지만 모든 상품이 고객의 손에 들어가는 것은 아니다. 특히 저렴하다고 해서 많이 팔리는 시대는 이미 끝났다. 고객에게 내가 판매하는 상품의 특별함을 알리기 위해서는 가격이나 기능뿐만 아니라 그 상품이 지닌 특별한 가치를 부여해야 한다. 상품이 부각할 수 있도록 멋지게 포장하는 것이 상품에 가치를 더하는 것이고 영업의 키포인트이다.

영업을 하는 사람은 결과가 나와야 잘하는 것이다. 상품을 판매할 때 내가 판매하는 상품을 특별하게 만들어야 한다. 상품의 원래의 모습 그대로 판매하기 위해 이야기하는 사람은 아마추어 영업인이다. 그러나 상품에 약간의 특별함을 입혀 이야기하면 프로 영업인이 되는 것이다. 프로 영업인이 되는 길은 어렵지 않다. 먼저 나부터 나 자신을 특별하게 여기고 소중히 생각하면 고객도 나를 알아본다.

04

배우처럼 프레젠테이션 하라

나는 어렸을 적부터 소심하고 부끄러움을 많이 타는 성격이었다. 남 앞에 나서는 것을 좋아하지도 않았다. 그런데 중학교 1학년 입학하고 첫 영어 수업 시간에 선생님이 나에게 발표를 시켰다.

"오늘 3일이니까 3번 일어나서 12페이지 읽고 해석해봐."

나는 벌떡 일어나서 더듬더듬 읽고 해석을 했다. 그러자 선생님은 그 정도밖에 하지 못하냐 하며 핀잔을 줬다. 그것도 모든 반 친구들이 다 듣고 있는 자리에서 말이다. 그 후로 나는 수업 시간에 선생님이 책 읽어보라고 시키는 것이 제일 싫었다. 그래서 학창 시절에는 최대한 수업하는 선생님과 눈 마주치지 않고 발표 안 할 수 있는 방법만 터득했던 것 같다. 학교 다닐 때 보면 항상 앞에 나서기를 잘하는 친구들이 있다. 나는 그런 친구들을 항상 부러워했다. 나랑 친하게 지내던 반 친구가 있었는데 그 친구는 배우 준비를 하는 친구였다. 광고도 여러 번 찍었고 아주 예쁘게 생겼었다.

그 친구는 앞에서 막 나서지는 않았지만 발표를 시키면 항상 감정을 담고 또박또박한 발음으로 발표를 했다. 나는 그 친구의 모습이 부러워서 친구에게 물어봤다.

"너는 어쩜 그렇게 발음도 좋고 감정도 좋아? 니가 책을 읽으면 눈을 감고 있어도 그 상황이 눈에 보이는 것 같아."

"야, 나는 진짜 이렇게 하느라 엄청 힘들었어. 지금도 난 잘하는 편이 아니야. 기획사에서 얼마나 빡쎄게 가르치는 줄 알아? 맨날 볼펜 물고 침이 줄줄 흐를 때까지 발음 연습해야 되지. 발성도 좋아야 하니까 발성 연습하지. 대사 한마디 연습할 때마다 슬픈 감정, 기쁜 감정 감정이란 감정은 다 소화하는 연습을 해야 집에 갈 수 있거든. 게다가 말하지 않고도 감정을 표현해야 하는데 그게 진짜 힘들어. 이렇게 힘든 줄 알았으면 안 할 걸 그랬어. 대신 촬영 있을 때 학교 안 나와도 돼서 그게 제일 좋지 뭐."

"그럼 연예인들은 다 목소리도 크고 막 그래?"

"많이는 안 만나봤는데 대본 연습할 때도 실제처럼 감정과 발성을 다 똑같이 하더라. 그래서 왜 악역 같은 거 맡았다가 끝나면 거기서 못 헤어나서 힘들다잖아. 엄청나게 이입해서 연습하고 그러더라고. 난 아직 대사가 없는 광고만 해서 이 정도밖에 모르겠다."

우리가 드라마나 영화를 볼 때 대사 하나 표정 하나에 몰입할 수 있는 이유가 이런 연습이 있기 때문일 것이다. 주인공들은 임팩트 있는 억양과 확신이 있는 표정으로 우리를 드라마에서 헤어나지 못하게 한다. 우리가 영업을 할 때도 고객의 호감을 얻고 감정이입이 가능한 전달을 하기 위해서 이런 연습이 필요하다. 마치 내가 드라마의 주인공이 된 것처럼 내가 만든 나만의 스크립트를 전달해줄 수 있다면 얼마나 좋을까. 굳이 상품을 판매하기 위해서 이래서 좋고 저래서 좋다는 이야기를 할 필요도 없을 것이다.

미국 경영학자 피터 드러커는 "인간에게 가장 중요한 능력은 자기 표현력이며, 현대의 경영이나 관리는 커뮤니케이션 능력에 의해 좌우된다"고 했다. 인간은 언어적 동물이다. 물론 비언어적 커뮤니케이션도 상당히 중요하다. 하지만 수많은 인간의 특징 가운데 최고는 '말을 할 줄 안다'는 것이다. 말이 없는 사회생활, 말이 없는 비즈니스, 말이 없는 학교

생활은 상상할 수도 없을 만큼 끔찍하다. 비즈니스의 필수 조건은 자기 표현력이다.

영국의 브랜드 랭킹 조사 기관 브랜드 파이넌스(Brand Finance)가 발표한 '글로벌 500연례보고서'에 따르면 미국 애플사의 브랜드 가치가 1,283억 달러로 원화로 147조 7,300억 원대로 세계 1위다. 스티브 잡스는 신제품이 출시되면 자신만의 깊은 철학을 담은 프레젠테이션을 선보이며 고객들을 열광시키며 애플을 세계적인 기업으로 성장시켰다. 스티브 잡스는 전 세계에 모르는 사람이 없을 정도로 프레젠테이션의 달인이라 평가받는다. 애플의 고객뿐 아니라 사회생활을 하는 대부분의 사람들이 스티브 잡스 프레젠테이션에 열광하는 이유가 무엇일까.

스티브 잡스가 프레텐테이션을 할 때 가장 중요하게 생각했던 몇 가지가 있다. 그중 우리 영업인들에게도 도움이 될 만한 내용이 있다. 첫 번째로 잡스는 모든 제품을 단 하나의 문장으로 설명한다. 맥북 에어를 소개할 때 장황한 설명 없이 '세상에서 가장 얇은 노트북'이라는 한 문장으로 모든 설명을 대신했다. 두 번째로 '생기 넘치는 어휘를 사용해라'이다. 잡스는 프레젠테이션이라고 해서 전문 용어를 사용하지 않는다. 누구나 알아들을 수 있고 재미있는 표현을 사용한다. 아이폰 속도에 대해 설명할 때는 '놀랍도록 생기 있는'이라고 말했다고 한다. 세 번째로 '연습해라, 많이'이다. 잡스는 프레젠테이션의 모든 구성마다 리허설을 갖는다. 검정 목티에 청바지 차림으로 대충 대충 성의 없어 보이지만 결코 그렇지 않다. 사람이 기진맥진 할 정도의 연습에 연습을 거듭한 결과라고 한다.

우리 영업의 일은 모든 순간순간이 프레젠테이션이다. 끊임없이 연습하고 연구해야 한다. 태어나면서부터 프레젠테이션을 잘하는 사람은 어디에도 없다. 영업인도 거절이 두려운 것처럼 고객도 진정성 없는 영업인을 만날까 두려워한다. 내가 가지고 있는 상품을 고객에게 판매하겠다는 생각으로 달려들지 마라. 고객을 돈으로 봐서도 안 된다. 내가 판매하고 있는 상품에 대해 장황한 설명 없이 한마디로 승부할 수 있어야 한다. 고객에게는 단어를 하나 선택하더라도 재치 있게 말할 수 있는 영업인이 되어야 한다.

영업을 시작하고 얼마 지나지 않았을 때 동네에서 연극 동아리 모임에 들어간 적이 있다. 연극 동아리에서 잘하면 시, 도 연극제도 나갈 수 있다고 해서 홍보도 할 겸 가입을 했다. 사람들과 이런저런 얘기도 나누고 발성 연습, 동선 연습도 해보고 나름 꽤 재미있었다. 연극 동아리 대표가 연극제에 나갈 대본을 가져와 동아리 회원들끼리 오디션을 진행했다. 나는 그냥 조명이나 연출 담당 정도로 남겨달라고 간곡히 부탁했다. 그러나 대표는 모든 회원은 동등하게 오디션을 보고 자리를 정할 것이라고 했다. 그렇게 오디션이 시작되고 나는 수줍게 대사를 읽고 연기를 했다.

오디션 결과가 발표됐는데 나는 술집 마담 역할을 배정받았다. 주연,

조연의 문제가 아니라 대사에는 욕이 난무하고 껌도 씹어줘야 하고 빈정거리기도 해야 하는 역할이었다. 나는 자신이 없어 대표에게 다른 사람에게 역할을 넘기고자 이야기를 했다.

"올리비아맘 님, 부끄럽다고 자꾸 도망치면 도망칠수록 더 고치기 힘들어져요. 배역을 잘 맡은 것 같아요. 원래 성격이랑 다른 배역일수록 그냥 연기다 생각하면 되니까 눈 딱 감고 한 번만 참으면 삶이 훨씬 편해져요. 그러니까 해봐요."

나는 매주 수요일과 금요일 저녁에 2시간씩 동아리 회원들과 연극 연습을 했다. 처음에는 부끄러워서 소심하던 나는 날이 갈수록 동작과 목소리가 커지고 조금씩 자신감도 생겼다. 집에서 가끔 혼자 거울을 보며 대사와 표정을 맞춰보기도 했다. 그럴 때 세 살이던 딸아이는 옆에서 나를 흉내 냈다. 잘하지도 못하는 말로 엄마 공연 보고 꽃을 사주겠다는 아이를 보며 더 열심히 연습했다. 그러나 연극제는 상황이 여의치 않아 무산되고 말았다.

그러나 내가 연기를 연습한 세 달 정도의 시간 동안 나는 많이 변해 있었다. 말하는 목소리에 자신감이 생기고 자연스럽게 동작도 커졌다. 짧은 시간이지만 내게는 아주 큰 변화를 준 멋지고 귀중한 시간이었다. 작은 변화이지만 연극을 경험한 이후 나는 고객을 만날 때 여유가 생겼다.

내가 평소에 말하던 내용을 이야기하면서도 한마디 한마디마다 숨을 불어넣고 있었다. 연극제에서 불태우지 못했던 나의 욕망을 고객한테 보여준 것일 수도 있겠다. 사람이 가지고 있는 무한한 능력 중에 하나가 생생한 이야기를 상상할 수 있다는 것이다. 생생한 말과 과하지 않은 제스처로 고객의 감정을 흠뻑 적시고 구매 욕구를 불러일으킬 수 있다. 한 편의 드라마를 연기하는 것처럼 내가 상상에 흠뻑 취해 고객에게 전달하면 된다.

고객들이 만나는 영업인이 나만 있는 것이 아니다. 수많은 동종 업계의 영업인들을 만나게 되는 사람이 고객이다. 똑같은 상품을 구매하더라도 여러 명의 영업인에게 상담을 받고 고민을 한다. 많은 영업인들 사이에 내가 고객이라면 어떤 영업인에게 구매할까? 바로 머릿속에 생생하게 기억나는 드라마 한 편처럼 설명해주고 이해시킨 그 영업사원에게 구매 욕구가 일어났을 것이다. 누구를 만나든 어디에서든 부끄러워 말고 드라마를 한 편 찍어라. 그럼 지금 당신 앞에 앉아 있는 그 고객의 계약은 당신 것이 될 테니까.

05

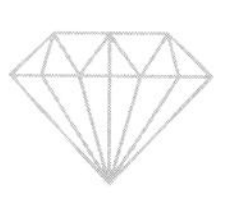

리액션이 크면 실적도 오른다

인생에는 세 가지 액션이 있다. 액션, 무액션, 리액션이라고 한다. 액션은 내가 행동하는 것, 즉 노래를 부르고 연기를 하고, 말을 하는 것 전부가 액션이다. 수업 시간에 멍하게 아무런 반응이 없는 사람들은 누가 봐도 무액션이다. 리액션은 반응이다. 이때 나오는 반응은 수동적인 반응이 아닌 진심으로 반응하는 것이다.

리액션이란? '상대방의 말이나 행동에 대해 반사적 작용으로 나오는 행동이나 말'을 뜻한다. 우리가 보통 이야기할 때 '리액션이 과하다, 리액션이 없다'라고 이야기하는 것도 이런 부분이다. 한국 사람들은 대체로 리액션에 굉장히 소극적인 편이다. 그런데 아이러니하게도 리액션을 잘 하는 사람에게는 좀 더 끌린다.

상대방이 이야기를 했을 때 맞장구를 해주는 것이 리액션이다. 나는 신이 나서 이야기를 하는데 상대방은 팔짱 끼고 멍하니 바라보면 이야기를 하는 사람은 주눅이 들게 마련이다. 리액션은 상대방의 말을 끌어내는 아주 중요한 기술이다. 단순하게 공감하고 경청한다고 상대방의 입을 열 수는 없다. 입을 열게 한다는 것은 상대방의 심리를 열게 했다는 뜻이다. 내가 하는 작은 제스처부터 한마디까지 크게 호응해주고 손뼉까지 쳐줄 수 있는 상대라면 밤을 지새워도 즐겁다. 리액션은 신나고 즐거운 분위기를 만들어준다. 리액션을 잘하는 사람이 훨씬 더 성공하는 것을 보면 알 수 있다.

우리가 너무나 잘 알고 있는 국민 MC 유재석은 리액션으로 성공한 사람 중의 한 명이다. 유재석은 리액션을 아주 잘 이용한다. 상대방이 이야기를 하면 물개박수를 친다거나 잇몸을 만개하는 웃음을 보여준다. 그리고 항상 상대방이 이야기할 때 무릎의 방향이 상대방을 향한다. 나는 지금 너의 이야기를 잘 듣고 있다는 표현이다. 이런 소소한 리액션이 쌓이고 모이다 보니 어느 순간 빛을 발한 것이다. 리액션은 연예인에게만 한정된 것이 아니다. 우리의 인간관계에서도 리액션은 아주 중요한 대화의 법칙이다. 리액션은 사람과 사람 간의 상대방에 대한 예의의 기본이다.

인사를 하거나 안부 문자를 받으면 간단하게라도 답변을 하는 것도 리액션의 일종이다.

내가 예전에 미국에서 공부할 때의 일이다. 우리 학교는 1년에 한 번 '인터네셔널 컬쳐 파티'를 개최했다. 다양한 문화의 여러 인종이 모여 있으니 서로의 문화를 인정하고 이해하기 위해서 개최하는 파티이다. 미국은 파티 문화가 매우 일반적이다. 영화나 드라마에서도 파티를 할 때 드레스를 입고 턱시도를 입는 경우를 많이 봤을 것이다. 나는 처음으로 파티에 참여하게 됐다. 입고 갈 드레스가 없어 백화점에 가서 드레스를 쇼핑했다. 그러나 드레스를 많이 입어보지 못해서인지 드레스를 고르는 것이 어려웠다. 나는 빈손으로 기숙사로 돌아왔다.

그래도 처음 경험하는 파티인데 멋지게 꾸미고 가고 싶었다. 며칠을 고민한 끝에 나는 한국에서 가져갔던 한복을 입기로 결정했다. 서로의 문화를 이해하는 파티의 취지에도 맞았다. 나는 옷장 구석에 처박혀 있던 한복을 세탁소에 맡겨 깨끗하게 걸어놓았다. 파티 당일 나는 예쁘게 메이크업을 하고 한복을 입었다. 그리고 파티가 열리는 중앙홀로 걸어 들어갔다. 모두의 시선이 나에게로 향했다. 나는 조금 수줍었지만 기분이 나쁘지는 않았다. 내가 가는 곳마다 친구들이 '뷰티풀'을 외쳐주고 박수를 쳐줬다. 같은 학교에 다니지만 잘 모르는 친구들도 내게 다가와 박수를 쳐주고 인사를 해주고 칭찬을 해줬다.

"이 옷이 한국 전통 옷이야? 정말 너무 우아하고 아름다운 옷이구나."

"이렇게 예쁜 옷은 처음 보는 것 같아."

"꽉 조이지 않아서 너무 편하겠는걸."

"한국 사람들은 이런 옷을 평소에 입고 다녀?"

너무나 많은 반응들에 대답해주느라 파티 내내 정신이 없을 정도였다. 한국에서는 한 번도 경험해보지 못한 리액션들이 넘쳐났다. 내가 정말 어려워하던 교수님부터 잘 알지 못하는 사람들에게까지 평생 받을 리액션을 다 받았던 것 같다. 외국 사람들은 감정을 드러내는 것이 자유로워서인지 평소에 이야기를 할 때도 리액션이 풍부하다. 그 문화에 섞여 있다 보니 자연스럽게 나도 리액션을 터득하게 되었다. 지금이야 한국 사람들도 리액션에 관해 많은 관심을 갖지만 20년 전의 한국은 여전히 선비의 민족이었다. 리액션이라는 단어도 사용하지 않던 시절이었다.

단순히 공감하고 경청한다고 해서 리액션이 되지 않는다. 그렇다고 리액션이 굉장히 어려운 일도 아니다. SNS에서 댓글을 달아주는 것, 안부 문자에 답변을 해주는 것, 즐거운 이야기에 같이 웃어주는 것, 상대방의 슬픔에 같이 울어주는 것 등. 이런 사소하지만 센스 있는 행동이 모두 리액션이다. 서로의 공감대를 형성할 수 있고 맞장구를 치거나 칭찬해줄 타이밍만 정확히 알면 된다. 고객은 항상 인정받고 싶어 하고 칭찬받고 싶어 한다. 고객이 이야기할 때 느껴지는 감정의 파동을 같이 느끼며 리액션을 한다면 고객의 마음을 흔들 수 있는 멋진 영업인이 될 것이다.

우리 지점장은 고객에 대한 사랑이 흘러넘치는 분이다. 항상 예의 바르고 어른을 대우하고 워낙 꼼꼼한 성격이라 가끔은 스스로 지치기도 하는 분이다. 고객에게 무슨 일이 일어났다 하면 모든 걸 다 해결해주시려고 하는 마인드를 갖고 계시는 분이다. 우리는 가끔 지점장님에게 너무 고객 때문에 피곤하게 살지는 말라고 이야기할 때도 있다. 사무실에서 회의를 하고 있는데 지점장님 고객에게 연락이 왔다. 교통사고가 났는데 어떻게 해야 할지를 모르겠다고 했다. 지점장은 일단 보험 접수를 하고 담당자가 올 때까지 기다리라고 하고 전화를 끊었다. 회의를 하던 지점장님은 회의를 멈추고 고객에게 다녀오겠다고 했다.

지점장은 오후 늦게나 돼서 사무실에 들어왔다. 지점장님께 보험 가입을 한 고객이 교통사고가 났는데 장롱면허에서 이제 운전을 좀 하시고자 나왔다가 사고가 났다고 했다. 그런데 자꾸 상대방 쪽에서 몰아세우니 지점장님이 직접 찾아간 것이다. 가서 사고 현장 주변의 사진도 다 찍고 주변 목격자들까지 포섭하고 돌아오셨다고 했다. 우리는 자동차 보험 고객한테 그렇게까지 해야 하는 거냐고 물었다.

"지점장님, 그런 사소한 일까지 지점장님이 다 돌아다니시다 보면 정작 큰일을 해야 할 때 못 하실 수도 있잖아요. 고객이 애도 아니고 어른인데 그 정도는 혼자서 해결하실 수도 있었을 텐데 뭘 굳이 다녀오셨어요."

"얼마나 놀라고 당황스러웠으면 나한테 전화를 했겠어. 목소리를 들으니 도움이 필요한 것 같아서 갔을 뿐이야. 그리고 우리가 보험을 판매할 때 하는 말이 있잖아. 도움이 필요하면 언제든지 연락하라고. 말을 내뱉었으면 지키는 게 당연한 거지."

"솔직히 지점장님 시간 버리고 기름 값 버리고 소득이 없잖아요. 돈 벌러 나와서 돈만 쓰고 다니시면 어떡해요. 적당히 유도리 있게 넘어가세요. 이제는."

"정말 그런 생각으로 일했다면 처음부터 다시 배워야겠네. 우리를 믿고 계약을 해서 돈을 지불하는 고객이 있으니 우리가 월급을 받는 거야. 계약 받을 때는 입안의 혀처럼 굴면서 달달한 말만 하고 계약 받고나면 입 싹 닫아버리는 그런 설계사들이 있으니 나처럼 선량한 설계사들이 피해를 보는 거야. 고객이 우리에게 전화가 왔을 땐 진짜 도움이 필요해서 전화를 했겠지. 어떤 고객이 쓸데없이 설계사한테 이유 없이 전화하겠어. 그리고 이렇게 즉각적으로 대응하면 고객들이 안심하고 좋아한다니까. 고객이 연락 오면 내 일 아니니까 하고 대충 넘어갈 생각하지 말고 잘 응대하는 것도 설계사가 할 일이야."

그리고 며칠 후에 그 고객은 감사 인사를 하며 자녀분의 종신보험을 좀 알아봐달라고 지점장님에게 연락했다. 지점장님은 우리에게 말했다.

"거 봐, 사소한 거라도 챙겨주니 고객도 나를 챙겨주잖아."

나도 영업을 하면서 시간이 조금 지날수록 계약이 더 중요하다고 생각한 적이 있다. 그래서 항상 계약을 받을 때까지의 방법만 생각하며 살았다. 이때 지점장의 이야기를 듣고 우리가 그렇게 많이 어필하는 '도움이 필요하면 언제든지 연락주세요'는 잊고 있었다는 사실을 깨달았다. 내가 고객에게 그토록 바라던 리액션을, 이제는 고객이 나의 리액션을 그토록 바라고 있지 않을까.

영업을 할 때 시작부터 끝까지 보여주는 것이 리액션이다. 실적이라는 유혹에 취해서 이미 잡은 물고기에게 밥을 주지 않는 나쁜 영업인이 되는 행위는 영업인 스스로 자멸하는 일임을 기억해야 한다.

발달 심리학자이자 정신분석가인 에릭 에리슨은 말했다.

"모든 인간은 기본적으로 다른 사람과 연결되길 원하는 욕구를 가지고 있고 따라서 다른 사람이 자신의 이야기를 들어주기를 바라는 마음을 가지고 있다."

06

허세도 약으로 쓰면 효과가 있다

누군가에게 잘 보이고 싶고 존경받고 싶어 하는 마음이 없다면 그것은 진실이 아니다. 특히나 남자라면 사랑하는 여자 앞에서 자신을 어떻게든 잘난 사람으로 보이고 싶은 욕망이 들끓는다. '포르쉐 효과'라는 말까지 생겨났다. 네덜란드 암스테르담 UV대학교 연구팀은 남자들이 호감을 얻고 싶은 여자가 생기면 포르쉐와 같은 비싼 자동차를 떠올린다는 것을 확인했다. 하지만 우리 영업인들은 누구에게 잘 보이고 싶어서 허세를 떠는 것이 아니라 좀 더 단정하고 전문가적인 이미지를 만들기 위해서 허세를 이용하기도 한다.

영업을 하는 사람들의 이미지는 대체적으로 깔끔하다. 고객에게 보이는 첫 이미지가 계약의 확률을 결정짓는다. 그래서 대부분의 영업인들은 고급스러운 정장에 빳빳하게 다린 흰 와이셔츠 그리고 파리가 미끌어질 만큼의 반짝반짝한 구두 그리고 포인트가 되는 넥타이를 한다. 또한 고급 차에 고급 시계를 차고 영업을 하는 사람들도 많이 있다. 그것은 고객에게 보이는 이미지가 있기 때문이다. 고객은 그런 영업인의 모습을 보고 허영에 들뜬 사람이라고 생각하지 않는다. 오히려 영업인을 더 대우해주고 더 잘나가는 영업인으로 생각하고 나의 말에 귀 기울인다.

한 선배의 이야기다. 고객과의 2차 미팅을 위해 고객의 집으로 가던 중 고객에게 전화를 하였다.

"고객님, 지금 집에 계시죠? 지금 댁으로 가고 있습니다."
"담당자님, 과일이라도 대접하려고 마트에 잠시 나왔는데 금방 집에 도착할 거예요."

마침 선배가 집 앞에 도착했을 때 고객도 마트에서 돌아오는 길이었다. 집 앞에서 선배를 보고 갑자기 약간의 인상이 바뀌더니 고객이 약간은 다급하게 말했다.

"아, 갑자기 급한 전화가 왔는데 다음에 다시 설명 들어도 될까요?"

그러면서 뒤도 돌아보지 않고 집으로 가버렸다고 한다. 선배는 당황스럽고 짜증이 났지만 선택의 여지 없이 빈손으로 사무실로 돌아와야 했다. 그러나 고객이 자신을 피한 이유가 뭘까 궁금한 나머지 고객에게 직접 물어봤다. 그 이유는 다름 아닌 자동차 때문이었다고 한다.

"담당자님, 저는 담당자님에게 저의 재산 관리를 맡기려고 했는데요. 담당자님 자신도 잘 못사시는 형편인 것 같은데 과연 상대방의 재산을 관리할 수 있을지 의문이 들었어요. 그래서 죄송하게도 피하게 된 겁니다."

그때 선배는 돈이 없어 아주 작고 낡은 소형차를 타고 다녔다. 고객이 선배를 마주쳤을 때 고객이 선배의 차와 선배를 연신 훑어본 이유였다. 그래서 한동안 고급 승용차의 차키를 가지고 다니면서 영업을 하였다고 한다. 보이는 것도 중요한 세상이 됐다. 어떤 사람은 중요하지 않은 부분일 수도 있겠지만 고객의 입장으로 생각해보면 이해가 갈 것이다.

내가 자동차를 구입하러 갔는데 세련되고 전문가처럼 보이게 꾸민 영업인과 다리지도 않은 셔츠를 입고 맞이하는 영업인 중 누구에게 상담을 받고 싶은가? 나는 세련되고 전문적인 이미지를 가진 영업인을 택할 것이다. 이왕이면 자기 관리를 잘할 것 같은 사람에게 내 일을 맡기고 싶다. 실제로 중고차를 판매하는 딜러가 셀프 브랜딩 특강을 듣고 옷차림부터 헤어스타일, 인사말만 바꿨는데 그달의 매출이 30% 이상 올랐다고 한다. 우리는 전문가적인 모습을 보여주는 것이 필요하다. 물론 외모에 많은 노력을 하지 않더라도 성공하는 영업인도 많다. 하지만 꼭 비싼 명품이 아니더라도 자신을 꾸미게 되면 고객이 보는 영업인의 가치가 달라지게 될 것이다. 그렇다고 본인의 수입을 넘어선 허세를 부리라는 이야기는 아니다. 언제나 깔끔하게 그리고 깨끗한 이미지로 고객을 만난다면 고객도 그 이미지를 조금 더 좋아할지 않을까 싶다.

상담을 하다 보면 고객을 끌고 가는 사람이 있는 반면 고객에게 끌려가는 사람들이 있다. 나는 초반에는 고객의 입장을 생각한다며 며칠 동안 설계하고 또 설계하고 했던 사람이다. 그런데 그런 분들이 나의 충성고객이 되기도 한다. 하지만 때로는 나를 이용하려고 하는 사람들도 있다. 요즘은 인터넷이 너무 잘되어 있어서 고객들도 많은 내용을 알고 있지만 고객 앞에서 우리는 철저히 전문가가 되어야 한다. 그래야만 고객을 끌고 갈 수 있기 때문이다. 아무리 정보를 많이 얻을 수 있다고 하더라도 전문적인 우리보다 알 수는 없다.

한참 보험 권유를 하고 있을 때 아는 지인을 만났다. 보험의 중요성을 이야기하고 위험한 일을 하고 있기에 종신보험과 건강보험이 왜 필요한지 그리고 왜 비싼지를 꼼꼼히 설명하였다. 그런데 지인은 건강보험만 가입을 했다. 보험료의 부담으로 종신보험은 가입하지 못했다. 그리고 몇 년 뒤 지인의 사고 소식을 전해 듣고 장례식장에 참석했다. 장례식장에 모인 지인들이 내게 물었다.

"너 그때 A 보험 가입 해주지 않았냐? 그때 잘 좀 들어주지 그랬어."

이런 말을 하는데 아무런 말도 할 수 없었다. 토끼 같은 자식과 홀로 남겨진 아내분께 죄책감도 들었다. 그때 내가 조금만 더 강하게 권유했더라면 이렇게 후회되지는 않았을 텐데. 그 선배의 죽음은 잠시 동안 슬프지만 남겨진 가족의 고통은 길게 갈 수밖에 없기 때문이다. 나는 보험이 필요하지 않다는 고객에게 보험은 강제성을 가져야 한다고 강력하게 주장한다.

보험 상담을 할 때는 설명하고 있는 상품을 거부하는 이유를 묻는다. 이럴 때는 죄송하지만 선배의 이야기를 하기도 한다. 일이 벌어지고 후회하는 고객들이 내게 왜 강력하게 주장해주지 않았는지 원망하는 내용을 이야기한다. 그러면 고객들은 약간의 긍정적인 신호를 보내주기도 한다. 어차피 보험 영업인은 잘 해줘도 욕먹고 못 해줘도 욕먹는 직업이다. 때로는 이런 실제 경험을 강력하게 어필하기 위하여 위협적인 태도를 보여주기도 한다. 약간의 위협은 고객과의 상담에서 고객의 마음을 움직이게 하는 좋은 방법이 되기도 한다.

보상 청구를 할 때 나에게 연락이 온다는 것은 뭔가가 잘못됐다는 것이다. 한 고객으로부터 연락이 왔다. 보험금을 청구했더니 보험금 지급이 안 된다고 연락을 받은 것이다. 보험 가입할 때 당시에 돈 없다고 대부분의 보장을 삭제시켰던 고객이었다. 올 것이 왔구나 하고 보상 담당자와 통화를 했었다. 고객님의 상황에 대해서 이런저런 설명을 받았다.

담당자는 무조건 약관상에 위배되는 질환 치료에 대해서는 보상을 할 수 없다고 했다. 나는 담당자에게 나의 신분을 밝혔다. 약관상에 위배되지 않는다는 내용을 들먹이며 보상이 나갈 수 있지 않느냐고 물었다. 지급이 될 수 없다는 대답만 들을 수 있었다. 요즘은 인터넷에 검색만 해봐도 다 나오는 것을 모르는 사람이 없을 것이다.

"담당자님, 인터넷만 검색해봐도 지급이 가능하고 지급된 적이 있다고 나오는데 왜 우리 고객님은 안 된다는 겁니까?"

"어디 회사인지 모르겠습니다만 저희는 지급이 안 됩니다."

돌아오는 대답은 계속 지급할 수 없다는 것이다. 그래서 나는 인터넷 검색을 며칠 동안 하며 지급받은 사례부터 소송까지 간 사례 등을 찾아 자료를 수집하고 내용을 작성해서 다시 보험금 청구를 하였다. 집요하게 찾아 자료를 넘긴 결과 보상금을 지급받을 수 있었다.

"원래는 지급이 안 되는 것이지만 이번 건은 예외로 인정해드리겠습니다."

어이가 없는 경우였지만 어찌 됐든 고객에게는 보험금을 받을 수 있게 해주어서 안도의 한숨을 쉴 수 있었다.

고객에게는 처음부터 '지급이 안 될 수도 있다.'라는 약간의 실망과 그래도 '최선을 다하겠다.'라는 희망을 줬다. 나는 보상을 받을 수 있다는 확신이 있는 상태에서 고객에게 '내가 노력하고 고생해서 받아줬어.'라는 인식을 심어주었다.

보상 청구를 하다 보면 의외로 쉽게 나오는 경우도 있고 싸우는 경우도 있다. 보상 담당자와 웃으며 해결할 수도 있다. 하지만 고객들은 그 결과를 통해 우리를 판단하기도 한다. 그럴 때일수록 우린 더욱 열심히 보상 처리 해주고 생색을 내면 된다.

"아, 고객님 이번에 보상은 어떠한 이유로 지급이 불가능한 것이 맞습니다. 그런데 제가 누구입니까. 보상 전문가 아닙니까. 담당자와의 싸움에서 승리하였습니다. 좀 어려웠지만 잘 해결했습니다."

일부러라도 이렇게 생색을 내면서 이야기해보라. 고객은 못 받을 걸 받아줬다는 그 생각에 자기의 담당자는 못 하는 게 없는 사람이라고 생각할 것이다. 이렇게 유능한 담당자가 자기를 관리해준다며 주위 사람들에게 자랑하며 다닐 것이다.

우리 영업인들은 성공하는 영업인이 되기 위해서 '허세'라는 성공의 조미료를 한 꼬집 넣어주도록 하자.

07

고객이 듣고 싶어 하는 말을 하라

우리 회사 지점장님 휴대폰이 대리석 바닥에 떨어지면서 휴대폰 액정이 깨졌다. 그래서 내가 지점장의 휴대폰을 가지고 대기업의 서비스 센터를 대신 방문한 적이 있다. 휴대폰 케이스를 착용하지 않고 있어서 액정 앞면 뒷면이 모두 박살이 난 상태로 방문을 했다. 한참을 기다린 끝에 수리를 맡겼고 뒷 유리판은 케이스로 감추고 앞 액정만 손보기로 하고 수리를 받았다. 액정만 고장 난 것이 아니라 휴대폰 내부도 손상이 되어 카메라는 이용이 어렵다는 이야기를 들었다. 어차피 오래된 휴대폰이라 지점장은 다음 달쯤에 휴대폰을 새로 장만할 것이라는 이야기를 들어서 전화만 될 수 있게 수리를 받았다. 생각보다 비싼 비용을 지불하고 수리를 했다.

그렇게 열흘 정도 시간이 지났을까, 출근한 지점장님의 휴대폰이 갑자기 꺼졌다. 급하게 회의가 있던 지점장 대신 대기업 서비스 센터에 다시 방문하게 되었다. 수리 기사가 여기저기 살피고 있었다.

"한 열흘 정도 전에 액정 깨진 부분은 새 걸로 다 교체했고 전화 문자만 가능한 걸로 수리를 받았는데 갑자기 휴대폰이 꺼지면서 전원이 켜지지 않아서 다시 왔어요."

"메인보드가 완전히 구부러져서 고치려면 40만 원 정도의 추가 비용을 내야 고칠 수 있어요. 고객님. 약정 기간이 끝났다면 휴대폰을 새로 바꾸는 것이 부담이 덜하실 수 있어요."

나는 그 내용을 지점장님께 전달했고 지점장은 수리 없이 가져오라고 했다. 나는 수리 기사에게 그 내용을 전달하고 서비스 센터를 나오려는데 수리 기사가 나를 부르며 달려왔다.

"휴대폰 사용이 어려우실 텐데, 직영점에 가시면 임대 휴대폰을 받으실 수 있으니 급하신 거면 그렇게 이용하셔도 됩니다. 그리고 액정 새로 교체하신 지 열흘 정도밖에 안 되었는데 사용을 못 하게 됐으니 지난 번 수리 비용은 제가 환불 처리 해드릴게요."

이렇게 내가 필요한 부분을 먼저 말해줬다. 고객이 필요한 것이 무엇인지 먼저 알아채고 고객에게 감동을 줄 수 있는 센스 있는 일 처리에 수리 기사 서비스 만족도 만점을 주고 칭찬 글을 올려주기도 했다.

차량을 판매하는 일부 영업인들이 고객이 원하는 차량보다는 영업인에게 이득이 되는 차량을 권할 때가 있다. 예전에 중고차를 구매하기 위해서 중고차 매매단지를 찾은 적이 있었다. 중고차 매매단지 안에는 크고 작은 회사가 있었다. 그중에 한곳을 들렸다. 처음 만난 영업인은 내가 2,000만 원 정도 되는 차를 원한다고 이야기했다. 2,000만 원이라는 말을 듣자마자 차량에 대한 설명보다는 본인 매장에 있는 최고급 승용차만 권해주며 금액을 조금씩 올리는 것이다. 나는 그날 그 영업사원에게 계약을 하지 않았다. 왜냐하면 나는 그 차가 마음에 들지도 않았고 무엇보다 나의 이야기를 전혀 들어주지 않았기 때문이다. 다른 업체를 찾아가 똑같은 조건을 이야기했다.

"고객님, 우선 커피 한잔하시면서 대화를 나누시죠. 차가 왜 필요하신 거죠? 어떤 용도로 사용하실 거예요? 장거리를 많이 하세요, 시내 운행을 많이 하세요?"

이렇게 먼저 물어보았다. 그리고 내가 원하는 금액대의 차종을 몇 대

선택하여 비교 설명을 해주었다. 또한 이 차를 타고 가는 모습을 상상하게 해주기까지 했다. 상황에 따라 옵션 선택의 방법도 설명해주었다. 추가 옵션이 필요하다면 높은 등급으로 선택해야 한다고 귀띔도 해줬다.

"저는 추천드리는 것이니 결정은 고객님이 하시면 됩니다."라고 이야기해주었다. 나는 내가 원하는 차량에 추가 옵션까지 고민하게 됐다. 그 영업사원과 2시간이 넘게 차량을 보고 비교한 후에 차량을 구매할 수 있었다. 두 영업사원의 판매 목적은 똑같다. 그렇지만 결과는 달랐다. A영업사원은 판매하지 못했고 B영업사원은 판매하고 소득을 얻었다. 이들의 차이는 고객의 마음의 문을 열었냐 못 열었냐의 차이가 아닐까 한다. 나는 B영업사원에게서 내가 듣고 싶은 말을 들을 수 있었기 때문에 2,000만 원을 조금 오버하더라도 그 차를 가지고 싶었다. 물론 나에게 2시간 이상을 할애하며 차에 대한 스펙과 이상 유무 옵션 유무를 꼼꼼하게 설명해준 것도 믿음직스럽게 다가왔다.

영업을 하는 데 있어서 결과를 내는 것에만 급급한 영업사원은 실패를 할 수밖에 없다는 것을 알 수 있는 대목이다. 우리는 상품을 판매하는 사람들이다. 상품을 판매하는데 그냥 상품에 대한 설명만 쭉 늘어놓는 것과 고객의 관점과 니즈를 파악하는 것 중 어느 쪽이 계약으로 이어질 확률이 높은지 보라. 고객의 말에 귀를 기울이고 고객의 성향을 파악해야 한다. 고객에게 이 상품을 가져갔을 때의 가치를 상상하게 하고 고객이 듣고 싶은 말이 무엇인지 알아내면 된다.

어떻게 해야 고객의 성향을 파악할 수 있을까? 고객을 만나기 전 그 고객에 대한 최소한의 정보는 수집하자. 고객과 좋은 관계를 유지하기 쉽다. 요즘은 고객의 성향을 확인하는 것이 어렵지 않다. 카카오톡이나 인스타그램 등 여러 곳에 고객의 관심사가 나와 있다. 고객이 무엇에 관심이 있는지, 어떤 취미가 있는지 알아보기가 쉽다는 것이다. 정보를 수집하고 만나라. 그리고 시간적인 여유를 두고 고객과 약속하길 바란다.

"고객님, 저와의 미팅 시간 이후에 혹시 바쁘신 일이 있으시거나 다른 약속이 있으실까요? 저는 고객님과 조금 여유롭게 대화를 나누고 싶습니다. 만약 바쁘시다면 시간적인 여유가 될 때 뵙는 것도 좋습니다."라고 이야기를 하는 것이 좋다. 시간적인 여유를 두고 만나면 더 고객에 대한 관심사를 이야기하고 니즈 파악을 하기 쉽기 때문이다.

예를 들어 고객이 만들기 취미가 있다면 그 주제만 가지고도 30분에서 1시간은 대화를 할 수 있을 것이다. 등산이 취미가 있다면 산에 대한 주제로도 할 수 있는 이야기가 무수히 많아질 것이다. 고객과의 만남에서 고객의 관심사를 시작으로 대화할 수 있게 준비를 하는 것이 좋다. 본격적인 상품의 이야기를 할 때에도 많은 이야기를 하는 것보다 고객의 이야기에 맞장구를 많이 쳐주길 바란다. 이러한 행동은 고객이 나의 이야기에 공감하고 이해해주는구나 하고 생각한다. 그런 상호작용이 지나면 계약으로 이어지는 확률이 커진다.

고객의 마음을 얻고 고객이 듣고 싶은 말을 하기 위해서는 많은 노력과 연습이 필요하다. 준비되었나? 지금 당장 고객의 SNS를 클릭하라.

우리가 지인을 만나서 영업을 하든 소개를 받든 개척을 하든 자기만의 프로세스를 가지고 있어야 한다. 그리고 고객의 성향에 따라 맞춰가며 행동에 임해야 한다. 기존 고객이나 지인 같은 경우는 그나마 좀 쉽게 접근할 수 있다. 소개 또는 나를 전혀 모르는 고객에게는 나만의 어필을 계획적이고 진실하게 해야 고객의 마음을 얻을 수 있을 것이다.

예전에 개척 영업을 할 때 일명 벽타기를 한 적이 있다. 한 달 가까이 개척 영업을 해봤으나 결과는 꽝이었다. 그래서 명함에 사탕을 넣고 전단지를 만들어 돌렸다. 수백 장의 전단을 돌려서 한 건의 계약을 받을 수 있었다. 내가 고생한 시간 대비 너무나 미미한 성과였다. 무엇이 문제였고 왜 안 되는지 선배와 상의를 하던 중 예전에 선배가 했던 이벤트 개척을 듣게 되었다. 기본적인 개척은 똑같지만 이벤트를 하는 것이었다.

"안녕하세요, 고객님. 이번에 ㅇㅇ회사에 입사한 신입사원 김유나라고 합니다. 이번에 저희 회사가 설문 조사를 하고 있는데요. 잠시 5분 정도의 시간을 저에게 할애해주신다면 감사의 뜻으로 작은 선물을 드리고 있습니다."

대부분 사람들은 공짜 선물이라면 싫어하는 사람이 없었다. 나는 이벤트로 로또 천 원짜리 또는 즉석복권을 구매하여 설문지를 작성해주는 분들께 나누어드렸다. 그러면서 "당첨되시길 바랄게요. 다음주 확인하러 오겠습니다." 이런 식으로 말하고 시간이 날 때마다 찾아갔다. 그리고 나서 "당첨되셨어요?"라고 물어보면 대부분은 꽝이지만 5천 원이 당첨됐다는 고객들도 몇몇 있었다.

"저런, 제가 진짜로 1등 되길 기도했는데 제가 다시 한 장 드릴게요."

말하며 또 로또를 드리고 "이번에는 꼭 당첨되세요."라고 하며 물 한잔 얻어 마시고 이야기 좀 하다 나왔다. 나는 이렇게 한 가게를 최소 한 달에 네 번 정도는 찾아가서 고객에게 미안함과 희망을 주고 왔다. 한 달이 지나자 고객은 이제껏 아무런 조건 없이 찾아와 로또를 건네고 가는 나를 붙잡고 물어보기 시작했다. 도대체 무슨 일을 하는데 이렇게 매주 와서 로또를 주느냐고 물었다. 처음에는 그냥 주는 거니 받았는데 이제는 받기 미안해진다고 했다. 그제야 내가 어떤 일을 하는 사람인지 말했다.

"저는 보험회사에서 근무하고 있습니다. 회사에서 이벤트로 진행한 행사인데 고객님들 찾아뵙고 안부 인사드리는 행사였습니다. 혹시라도 고객님이 궁금한 점이나 필요한 부분이 있다면 제가 왔을 때 물어봐주세요. 그래야 제가 도와 드릴 수 있습니다."

그로부터 한 달 여의 시간이 지났다. 고객들은 내게 제대로 된 상담을 받고 계약을 체결하게 되었다.

나는 고객이 듣고 싶은 말을 한 적이 거의 없다. 단지 행동으로 보여줬을 뿐이다. 물론 상담을 할 때는 경청하고 또 공감하고 반응해줬다. 고객님들은 내가 매주 찾아오는 것에 대한 미안함과 나의 진정성을 보고 마음을 열었을 것이다. 이렇게 고객이 미안함을 갖기 시작하면 나는 고객앞에서 갑의 영업도 할 수 있게 된다. 시간은 좀 걸렸지만 고객이 원하는 말과 행동을 내가 보여주면 고객은 스스로 마음의 빗장을 풀어헤친다.

08

거절은 가장 좋은 선물이다

우리의 일상에서 무수한 영업이 이루어진다. 하루에도 몇 번씩 광고 전화를 받아본 경험은 모두 있을 것이다. 그럴 때마다 우리는 어떻게 하는가? 바로 거절을 한다.

영업인들은 누군가를 설득해야 한다. 그 설득으로 인해 결과가 만들어지기 때문에 수많은 사람들에게 앵무새처럼 똑같은 말을 반복할 수밖에 없다.

나도 영업을 하면서 새로운 사람들과 기존 고객들에게 똑같은 말을 많이 했다. 정말 좋은 상품이니 모든 사람들이 좋은 혜택을 받았으면 하는 마음에 전화를 하고 똑같은 내용을 무한 반복으로 설명하는 것이다. 그러나 이것은 나만 좋은 것이며 고객들은 '아, 또 무언가를 사라고 하는구나.' 하며 귀찮게 생각하는 것이 반응의 대부분이다.

거절은 자연스럽고 당연한 것이라고 생각한다. 모든 사람들은 기본적으로 자기방어를 하기 위해 거절을 기본적으로 내세운다. 그것이 고객의 진심이 아니라는 것은 영업인들은 다 알고 있는 사실이다. 단지 그것을 들키지 않으려고 정중하게 거절로서 표현하는 것으로 생각한다.

일전에 한 고객을 만났다. 개인 보험 영업을 한창 할 때였다. 보험료 10만 원이 비싸다며 노발대발하며 하시던 고객님이 있었다. 돈이 없으니 5만 원에 보장도 좋게 다시 설계해오라며 계약을 거절했다. 이 고객을 위해 나는 며칠 동안 설계하고 승인받고 또 설계한 기억이 있다. 결국 3만 4천 원의 소액 계약을 체결하면서도 담보가 정말 좋은지 나중에 무슨 문제가 없는지 꼼꼼하게 고객은 따져 물었다. 난 속으로 '3만 원짜리 보험 하나를 며칠 동안 설계한 건데 이런 말씀을 하시지?'라는 생각이 들었다. 솔직히 아주 큰 계약도 아니고 내 시간을 할애해가며 붙잡고 있었던 것이 살짝 짜증이 났다.

하지만 고객은 3만 원짜리 보험에 가입하면서도 얼마나 많은 고민을 했을까? 나는 그래도 고마운 마음에 좀 더 신경 써야겠다고 생각했다. 그 후에도 하루에도 수십 번씩 문자와 전화를 하면서 자신이 가입한 보험에 대해 물었다. 나는 그럴 때마다 친절하게 대답해주었다. 시간이 흐르고 이 고객은 나의 충성 고객이 되어주었다. 많은 지인들을 소개해주고 많은 사람들에게 나를 홍보해주고 다녔던 것이다.

사실 이 고객은 너무 힘든 고객이었다. 그래서 몇 번이나 고객의 손을 놓을까 고민한 적이 많이 있다. 그렇지만 나를 믿는 고객이다. 그리고 관리하고 도와주기로 마음먹은 이상 소중한 나의 고객이라는 것이 나를 붙잡았다. 또 고객의 상황이 어떻게 달라질지 몰라서 고객에게 그날그날 최선을 다했다. 그 마음이 전달되어서 닫혀 있던 고객의 마음을 열 수 있는 계기가 된 것 같다. 그 후로는 시간이 날 때마다 주위에 상품이 필요한 분들이 계시면 자신있게 나를 추천해주시는 조력자가 되었다. 상품의 금액보다는 질적인 고객 감동을 실현해 지금까지 좋은 관계로 유지를 하고 있다.

고객과 상담을 했을 때의 일이다. 보험 상담을 충분히 하고, 약속한 날 15만 원 정도의 보장성 보험을 설계하여 갔다. 그분은 나의 설명을 듣기도 전에 금액을 먼저 보시더니 보험에 많은 돈을 투자할 수 없다며 10만 원이 넘지 않게 해달라고 했다. 그래서 며칠을 고민하고 감액하여 계약을 받았다. 계약을 받으면서 재테크와 재무 설계에 대해서도 잠시 설명을 드렸다. 고객은 투자에 대한 부분은 긍정적으로 생각하셨던 것 같다. 쌈짓돈을 꺼내면서 이 정도 금액이면 어떻게 불리고 관리할 수 있는지를 알려달라고 했다.

지금 이 고객 또한 나의 충성 고객이 되었다. 무슨 일이 있을 때마다 안부와 함께 추가 계약과 지인 소개를 아직도 해주고 계신다.

뒤돌아 생각해보면 고객의 우선순위가 보험이 아닌 재테크와 투자라는 것을 알 수 있었다. 보험에 관한 내용보다 투자에 관한 이야기를 먼저 꺼냈다면 오히려 쉽게 보험도 따라올 수 있지 않았을까 하는 생각이 든다. 평소에 고객과 자주 만나고 소통했다면 쉽게 알 수 있는 방법이 아니었을까 하는 아쉬움도 남아 있다. 그래도 다행인 것은 지금도 나를 믿고 있다는 것이다.

이처럼 고객들은 자신의 마음이 허락된 것이 아니라면 무조건 거절부터 시작한다. 그렇기에 거절을 두려워해서는 안 된다. 처음부터 '네, 알겠어요. 그렇게 할께요.'라고 하는 사람은 반대로 영업을 하는 우리가 의심을 해봐야 한다. 고객은 늘 자기만의 생각 자기만의 언어로 소통하려고 하는 사람들이다. 그러니 당연히 거절이 나올 것으로 생각하고 어떻게 하면 저 거절을 뛰어넘을까 연구해야 한다. 그래야 고객을 만났을 때 더욱 당당한 모습으로 영업을 할 수 있을 것이다.

처음 영업을 하기 시작했을 때 화법 모음집에 대한 이야기를 수없이 들었다. 그런데 나는 그것을 간과했었다. '굳이 화법이 필요할까? 그냥 대화를 하면 되지.' 이런 생각을 했었다. 그런데 어느 날, 고객과 상담을 하는데 계속 고객의 질문에 말문이 막히는 것이 아닌가. 고객이 대뜸 말했다.

"신입 설계사님이신가 봐요? 이것도 모르고 계세요? 그럼 나중에 알아보시고 다시 말씀해주세요. 제가 이런 것도 대답 못 하시는 담당자님을 어떻게 믿고 제 인생을 맡길 수 있겠습니까?"

그렇게 고객은 나를 단칼에 거절했다.

이런 일들이 자꾸 생기자 영업 경력이 오래된 선배님을 찾아갔다. 내 고민을 이야기하고 동반을 요청드린 적이 있었다. 그 선배님은 나의 문제점이 무엇인지 알고 있는 듯한 표정으로 나를 데리고 동반 상담을 해줬다. 그 선배는 초반 회사의 소개, 나의 소개, 내가 하는 일, 내가 고객에게 어떠한 도움을 줄 수 있는지를 이야기했다. 그리고 상품에 대한 설명, 고객의 질문에 대한 답변, 고객의 거절 처리 등. 완벽한 화법을 구사하고 있었다. 머리를 한 대 맞은 기분이었다. '이런 것이 화법이구나.'라고 깨닫게 되는 순간이었다.

그 뒤로 나는 화법을 누구보다 열심히 외우기 시작했다. 운전하면서 핸드폰으로 녹음을 하면서 가족들을 앉혀놓고 계속해서 화법을 연습했다. 어느 정도 완벽해진 나의 화법을 써먹을 고객을 만나는 순간 방아쇠를 당겼다. '고객님, 저희 회사는 어떠한 회사이고, 저는 고객님께 이러한 부분을 도와드릴 수 있는 전문 컨설턴트입니다.' 최종 화법을 마치고 난 뒤 고객은 말했다.

"아, 이런 일을 하시는 분이시군요. 믿음이 갑니다."

이 말을 듣는 순간 내 머리에서 로켓이 발사되는 느낌을 받았다. 화법을 무시하고 그 중요성을 몰랐던 내가 화법을 통해 고객에게 믿음이 간다는 말을 들을 줄이야!

보험회사에는 수많은 화법 모음집이 있다. 그것은 보험의 탑 클래스인 MDRT들이 고객들과 상담을 하면서 사용했던 많은 말들을 모아둔 대화법이다. 이 대화법은 고리타분하고 부끄럽다. 결과적으로는 고객들에게 통했고, 그 결과가 나왔기 때문에 지금까지도 전해져 내려오는 것이다. 그렇기에 화법은 틈날 때마다 눈으로 말로 귀로 익혀야 한다. 툭 건드렸을 때 바로바로 바로 튀어나올 수 있게 준비가 되어 있어야 한다. 거절도 마찬가지다. 고객들은 수많은 거절을 하지만 우리는 그 거절들을 튕겨낼 수 있도록 꾸준한 연습이 필요하다. 예전에 어떤 대표님이 내게 "화법을 다 외우면 내가 1억 줄게."라고 한 적이 있었다. 그만큼 화법은 중요하고 화법을 통해 이루어진 영업과 막 내지르는 영업은 고객의 마음을 얻는 데에서 차이가 난다. 이왕이면 죽어라 외워라. 보험만이 아니라 모든 영업에서 나만의 화법을 가지고 있다면 고객에게 다가가 성과를 이뤄낼 기회가 있다.

모든 영업에는 거절이 항상 따르게 마련이다. 내가 꼭 필요한 상품을 구매할 때는 살지 말지 고민하지 않는다. 반대로 영업인이 다가와 상품을 판매하려고 할 때에는 대부분 고민을 한다. 고객들은 생각할 시간을 주면 그때부터 거절과 승낙이 서로 교차를 하기 시작한다. 그렇기에 영업을 할 때는 고객에게 생각할 시간을 많이 주지 말아야 한다. 순간의 선택으로 거절을 당하고 그 거절을 이겨내면 우리는 영업에 성공할 수 있다. 자, 이 글을 읽고 있는 여러분들은 자신이 당하고 있는 고객의 거절에 어떤 방식으로 대처하고 있는지 뒤돌아봤으면 좋겠다. 모든 영업에는 고객의 마음을 끌어당겨야 할 정도의 강력하고도 빠른 멘트도 중요하지만 거절을 두려워하지 않는 멘탈도 가지고 있어야 한다.

지금 이 순간 내 가족, 내 친구 그리고 이웃들에게 연습 삼아 이런 물건이 있으니 사보라고 권해보라. 10명 중 9명은 당장 거절의 말부터 나올 것이다. 거절을 두려워하지 말고 당연히 거절이 나올 것을 예상하고 그 거절을 어떻게 거절할 것인가 늘 고민해야 한다. 그래야만 영업에서 살아남을 수 있을 것이다.

SALES SKILLS

5장

가치와 공감을 파는 영업인이 되라

01

가치와 공감을 파는 영업인이 되라

많은 영업인들이 똑같은 상품을 판매하고 있다. 똑같은 상품을 판매하는데도 실적이 좋은 사람과 별로 좋지 않는 사람으로 나눌 수 있다. 우리는 항상 똑같은 상품을 판매하기 위해 영업을 하지만 고객의 입장에서 본 우리는 단순하게 똑같은 영업인일까? 영업을 하는 사람이라면 누구라도 '이 고객만큼은 내 사람이어야 해.'라는 굳은 마음이 필요하다. 그렇기 때문에 고객을 돈으로 보지 않고 진심으로 바라보아야 한다. 고객이 무엇을 원하는지, 진정 내가 하고자 하는 일이 무엇인지를 명확히 인지하고 고객과의 상담을 진행하여야 한다. 지인의 소개로 연락을 받은 고객이 있다. 보험을 가입한 지 3년이 되어 가는데 보험료를 너무 많이 내고 있어서 점검을 받고 싶다는 내용이었다. 증권을 보면서 하나하나 설명을 해드리면서 재미난 것을 발견하게 되었다.

"고객님, 적립금을 많이 넣어놨네요."

"네, 전에 담당하던 설계사가 만기가 될 때 돈 많이 받으라고 저축성으로 넣어줬어요."

그 고객은 5만 원짜리 보험에 적립금을 5만 원 이상 넣어 10만 원이 넘는 보험료를 내고 있었다.

"기존의 설계사와 관계는 어떻게 되세요?" 여쭤보니 지인이라고 했다.

"고객님, 적립금은 약간의 저축성의 기능이 있긴 하지만 장기 보험이에요. 20년 동안 납입하시고 100세 만기인데 그때 가셔서 찾으시려구요?

여기 A라는 설계사와 B라는 설계사가 있습니다. A라는 설계사는 지금처럼 10만 원의 보험료를 B라는 설계사는 순수보장형으로 5만 원의 보험설계서를 가지고 왔다고 하면 어떤 분에게 가입하시겠어요? A는 B보다 수당을 훨씬 더 많이 받아요. 고객님께서 어떠한 계획을 세우고 시작하신 건지 설계사의 말만 듣고 실행하신 건지 한번 생각해보셨음 좋겠습니다. 결국 보험은 고객님이 가입하시고 유지하는 겁니다. 저라면 당장 콜

센터 전화해서 5만 원으로 줄이겠습니다."

그리고 며칠 뒤에 그 담당 설계사에게 전화가 왔다.

"당신이 뭔데 내 고객에게 이래라저래라 하는 겁니까?"

그래서 나는 정중하게 고객님의 상황과 현재 상황을 전달했다. 그 설계사는 본인의 고객을 빼앗긴다고 생각을 하고 이렇게 화를 냈던 것이다. 나는 반문을 하고 싶었으나 싸우고 싶지 않았고 그 설계사에게 자질이 없다고 판단했다. 고객이 앞으로 더 당할 수도 있겠다는 생각에 더욱더 적극적으로 도움을 주었다. 나중에 고객이 내게 말씀하시기를 그때 당시 적립금에 대한 이야기를 하니 당황하면서 언제든지 그 돈은 찾을 수 있는데 왜 그러냐고 다 고객님을 위한 설계였다고 변명만 늘어놨다고 한다.

우리의 영업은 실적과 깊은 관계가 있다. 그렇다고 할지라도 고객을 돈으로 보고 일을 진행한다면 고객도 바보가 아닌 이상 관계는 지속되기 어려울 수밖에 없다. 과연 정말로 고객이 원하고 필요로 하는 것을 판매하는 건지 상품을 파는 사람의 입장에서의 물건을 파는 것인지를 명확히 할 필요가 있다.

우리는 우리의 가치를 높여야 한다. 모두가 가격 중심으로 움직일 때 어떻게 하면 고객에게 이 상품의 가치와 공감을 전달할 수 있을까를 고민해야 한다. 이것은 그 누구가가 해줄 수 있는 일이 아니다. 나만이 할 수 있는 가치를 만들어 고객에게 전달해야 한다. 금액은 조절할 수 있으나 금액은 그 가치를 절대 이길 수 없다.

영업사원들은 자기 관리를 철저하게 해야 한다. 나만의 스케줄을 통해 나를 가꾸고 또 변화를 시켜야 한다.

늘 지각을 하는 설계사가 있다. 이 설계사는 조회 지각은 물론이고 고객과의 약속에도 조금씩 늦는다고 한다. 어느 날은 고객과의 중요한 미팅이 있는 날인데도 불구하고 술 냄새를 풍기며 사무실로 출근을 했다.

"어제 무슨 일 있었어?"

"친한 친구 놈이 와서 한잔했지."

"오늘 중요한 미팅 있다고 하지 않았어? 괜찮겠어?"

"당연히 괜찮지. 내가 누구냐!"

당당하게 의자에서 밤에 못 잔 잠을 자는 것이다. 그렇게 중요한 미팅 날 준비할 것도 많을 텐데 어떻게 저렇게 할 수 있을까? 나는 절대 그렇게 하지 못한다. 미팅 시간이 되자 헐레벌떡거리며 준비하더니 사무실을 나갔다. 상담의 결과는 말을 안 해도 뻔하지 않은가. 고객과 상담할 때 술 냄새가 나서 고객이 불쾌하다며 다음으로 미루자고 그랬다는 것이다. "오늘은 여기서 그만합시다."라고 불쾌함을 호소한 것으로 생각된다.

간혹 고객과의 미팅에서 실패하는 경우가 있다.

"아, 그건 좀 생각해봐야 할 것 같습니다."
"권해주신 내용이 저랑 맞지 않는 것 같습니다."
"현재는 돈이 없습니다."

이런 이야기를 들을 때마다 오늘 상담은 실패했다고 좌절을 하곤 한다. 그래도 영업은 확률게임이다. 또 다른 사람을 만나서 또 상담하고 또 상담하면 성공 확률이 높아진다고 확신한다. 하지만 가끔은 그날의 실패가 하루 종일 그림자처럼 따라다닌다. 그럴 땐 잠시 일정을 멈추고 혼자만의 시간을 가지고 나에게 피드백을 주어야 한다. 나의 오늘 잘못했던 점이 무엇이며, 앞으로 어떻게 고쳐야 할지 등. 나를 위한 반성의 시간이 가지면 힐링이 되는 것을 느낀다. 나만의 피드백 시간이 지나면 좀 더 발전하고 잘 되는 나의 모습을 발견할 수 있다.

나 자신에 대한 자기만의 신뢰가 있어야 한다. 영업은 많은 사람들을 만나는 일로 시작하기 때문이다. 그날 하루 종일 나에게 있었던 일을 뒤돌아보고 반성하고 또 잘된 부분은 칭찬해줘야 한다. 나를 사랑하고 내 스스로에게 신뢰를 가져야 한다. 가끔 영업에 실패하는 경우 자책하지 말고 반성과 나만의 피드백을 통해 금방 일어설 수 있도록 격려해줘야 한다.

홈쇼핑을 보면 그 짧은 시간에 100대가 넘는 상품을 물론 매진이 되는 경우도 쉽게 볼 수 있다. 어떻게 홈쇼핑은 그리 짧은 시간 동안 고객의 마음을 훔쳤을까? 이것을 영업에도 사용할 수 있지 않을까 해서 자주 보고 있다. 홈쇼핑에서는 간결한 단어와 문장 그리고 꼭 지금 나와 같은 상황인 듯한 모습을 보여준다. 그래서 시청자들이 전화를 하게 만드는 임팩트 있는 말을 많이 한다. 또 어떤 상품이 있다면 가격이나 성능 부분들을 이야기하는 것이 아니라 그 상품으로 할 수 있는 부분을 집중적으로 이야기하며 상품을 상기시키게 만든다. 기계의 성능보다는 이 상품으로 고객이 누릴 수 있는 혜택과 가치에 대한 부분들을 집중하는 것이다. TV를 보는 시청자들은 홈쇼핑이 의도한 상품의 가치와 공감을 얻게 된다.

"어, 그래. 우리도 저런 거 하나 있으면 참 좋을 것 같아."

이런 마음이 생겨서 구매로 이어지는 것이다.

이렇게 그 가치와 공감을 파는 것은 쉽지 않다. 늘 노력을 해야 하고 또 구상을 해야 한다. 보험 영업을 하면서 고객들과의 만남 전에 이 고객에게 어떻게 판매를 하는 것이 좋을까 하고 늘 고민을 한다. 주도형 고객과 신중형 고객처럼 고객마다 성향이 모두 다르기 때문에 더 고민하며 미팅을 준비한다.

"고객님, 지난 1차 미팅에서 고객님께서 말씀해주신 내용으로 설계안을 가지고 왔습니다. 고객님께서 보험에 대한 중요성을 너무나도 알고 계시듯이 보험은 만일을 대비하는 것입니다. 보험의 가치는 지금은 알 수 없고 단순히 돈만 빠져나가는 애물단지로 생각하실 수도 있습니다. 보험은 무형의 상품으로 고객님의 눈에 보이지는 않지만 고객님의 뒤에서 고객님에게 건강상의 문제가 생겨 몸이 안 좋을 때나 생활의 곤란함을 느꼈을 때 지금 가지고 계신 이 보험이 고객님께 든든한 동반자가 될 것입니다. 만약 어떠한 상황이 발생하였을 때는 제가 고객님을 대변할 것이며, 고객님의 입장이 되어 청구를 도와드리도록 하겠습니다. 그럼 상세 설명을 드리겠습니다."

이렇게 이야기를 시작한다.

고객마다 똑같은 이야기를 전달해도 받아들이는 입장이 조금씩 다를 것이다. 하지만 상품의 가치, 나의 가치 그리고 상품이 특별히 고객에게 이득을 줄 수 있고 고객이 이 상품을 가졌을 때의 가치를 심어준다면 충분히 가능하다. 영업인 스스로가 가치를 높이고 내가 판매하는 상품에 대한 가치를 찾아내고 공부하고 노력하면 고객들은 스스로 지갑을 열 것이다.

02

배움에 아끼지 말고 투자하라

"지위 향상을 위해 재산을 아끼지 마라. 젊은이가 해야 할 일은 돈을 모으는 것이 아니라 그것을 사용하여 장차 쓸모 있는 사람이 되기 위한 지식을 모으고 훈련하는 것이다. 은행에 넣어둔 돈은 당신에게 아무것도 주지 못한다. 당신의 돈을 써라."

배움에 투자하는 중요성을 알려주는 헨리 포드의 명언이다.

나는 개인적으로 배우는 것을 무척 좋아한다. 내가 잘 몰랐던 다양한 것을 알아가는 그 과정이 힘들기도 했지만 재미있었다. 지금까지 나는 화법, 영상 번역, 영업, 글쓰기, 강사가 되는 법, 테솔 등. 여러 종류의 강의와 특강을 들었다. 그렇게 하나씩 경험하며 쌓아가고 알게 된 것들이 서로 연결되고 또 새로운 무언가를 할 수 있다는 것에 대한 도전 의식도 생기기 때문이다. 모든 배움에는 적절한 가치를 교환해야 한다고 생각한다.

하지만 우리나라 사람들은 배움의 투자에 인색하다. 나를 가치 있게 만들어주고 성공자의 길을 빨리 갈 수 있음에도 배움에 대한 투자에는 돈을 쓰지 않는다. 배움은 수익이 약속된 최고의 투자임에도 불구하고 말이다. 학창 시절에는 부모님께 학원에 투자해달라고 등골 빼먹더니 성인이 되어서는 자신의 역량 강화와 성공을 위해서 투자하는데 지겨운 공부가 다시는 하기 싫은 걸까? 아니면 자신이 번 돈을 쓰는 것이 아까운 걸까?

내가 처음 법인 영업을 배울 때 천만 원에 가까운 수강료를 지불하고 강의를 들은 적이 있다. 우리 회사 동료들에게 더 큰 비전을 함께하고자 같이 다닐 것을 권유했다. 그러자 동료들이 말했다.

"미친 거 아니야? 무슨 강의가 천만 원이야. 그 돈이면 내 차 팔고 보태서 좋은 차 사겠다."

"잘 알아보고 가. 괜히 사기꾼들일 수 있어."

"그 돈이면 좋은 데로 여행이나 갔다 올래. 힐링하러."

"이 나이에 무슨 공부야. 적당히 살다 가면 되지."

"그런 거 들을 돈 있음 나한테 술이나 한잔 사라."

배움의 가치를 전혀 생각하지 않는 사람들과 더 이상 이야기하기 싫었다. 그 이후로 단 한 번도 주변 사람들에게 강의를 권유하지 않는다. 나는 돈이 많아서 그 큰 비용을 내고 강의를 들은 것이 아니다. 카드빚을 내고 대출을 받아서 12개월 할부로 수업을 들었다. 그렇지만 후회하지 않았다. 내가 모르는 분야를 최고의 전문가에게 배우면 나에게 날개를 달아줄 것이라고 생각했다. 수업 시간마다 늘 기대감이 넘쳤고 열정을 태울 수 있었다.

이노우에 히로유키는 저서 『배움을 돈으로 바꾸는 기술』에서 말한다.

"대출을 해서라도 배우세요."

대출에도 긍정적인 대출과 부정적인 대출이 있는데 자신을 향상하기 위해 사용하는 돈이나, 사업 확장, 발전을 위해 사용하는 것은 장래를 실현하기 위한 것으로 긍정적인 대출이라고 한다. 물론 대출금을 갚는 과정에서 힘에 부치는 경우가 대다수다. 그러나 대출금을 모두 갚았을 때는 성취감과 함께 또 하나의 인생 과정이 완성되는 것이다.

같은 돈을 내고 수업을 듣는 사람들은 모두 비슷한 목적을 가지고 다닌다. 그들은 항상 열정적이고 배움에 대한 목마름이 간절한 사람들이다. 그리고 항상 부를 꿈꾸는 사람들이기에 서로에게 동기 부여를 해준다. 또 서로를 소개하고 수업이 끝난 이후에도 친목을 다지며 서로의 영역에서 성공을 다짐한다.

나의 꿈은 강연가이다. 내가 강연가의 꿈을 키운 것은 20대 때 어학원에서 아이들을 가르칠 때부터 시작된 꿈이다. 20대에 돈을 벌기 위해 어학원에서 일을 하게 됐다. 아이들에게 새로운 지식을 알려주고 공부가 힘든 아이들에게 나의 경험도 이야기해줬다. 아이들이 새로운 것을 알아가며 좋아하는 모습이 보기 좋았다. 누군가에게 나의 지식을 나눠준다는 것이 행복했다. 어학원 원장님도 배움에 투자하는 것을 아끼지 않았던 분이라 내게 큰 영향을 주기도 했다. 유방암 항암 치료를 하시면서도 배움에 매진하던 분이셨다. 어느 날 원장님이 나를 따로 불렀다.

"김 선생님, 아이들을 가르칠 때 유용한 아주 좋은 강의가 있는데 한번 들어볼래요?"

"어떤 강의죠? 저는 지금 수업을 들을 형편은 안 돼서요."

"아이들한테 영어를 잘 가르치는 기술을 알려주는 강의예요. '테솔'이라고 하는 과정이에요. 이거는 내가 추천한 거니까 수강료는 내가 지불

해줄게요. 우리 학원을 위한 일이기도 하니까 가서 열심히 듣고 와서 학원 아이들한테 잘 접목해서 가르쳐줘요. 내가 보기엔 학부모님들도 상당히 좋아하실 것 같으니까."

그렇게 나는 8주간의 테솔 교육을 듣고 나름대로 학원 매출의 기여도에 힘쓰기도 했다. 그때 배우지 않았다면 나는 아직도 배우지 못했을 것이다. 나는 만삭의 배를 이끌고 지하철을 여러 번 갈아타고 다니며 강의를 들으러 다녔다. 내가 강의를 들으며 받은 동기 부여로 행복한 상상을 하고 내가 즐거우면 배 속의 내 아이에게도 좋은 태교라고 생각했기 때문이다.

무언가를 배울 때는 한 살이라도 어릴 때 배우는 것이 좋다고 생각한다. 훗날 나이가 들었을 때 배움의 지식과 연륜으로 합쳐지면 나 자신이 더 큰 성장을 하게 될 것이기 때문이다.

내가 강연가가 되고 싶은 이유는 내가 힘들었던 시기, 이겨낸 방법, 이혼 가정의 아이에게 말하는 방법 등. 내가 겪어온 일들을 나누며 같은 상황에 처한 사람들에게 희망을 전달하고 싶어서다. 그걸 잘 전달하고 싶은 마음이 있었기에 배움에 아끼지 않고 투자했던 것 같다. 예전에는 정말 돈이 없어서 '내가 한번 강의를 해보자.' 하고 성당에서 무료로 청소년들에게 매주 영어 성경 읽기 과정을 만들기도 했다. 돈이 없어서 하고 싶은 일을 하지 못하는 것은 핑계일 뿐이다.

그래서 나는 강의를 듣고 배우는 것에는 인색하지 않다. 강의를 듣고 나면 가라앉았던 마음이 살아나고 내가 또 힘차게 달릴 수 있는 동기 부여를 해주기도 한다. 진짜 돈이 없는데 배움에 갈증이 나 저렴한 곳만 찾아다니며 강의를 들었다. 좋은 강의도 있었지만 부실한 내용의 강의가 더 많았다. 비용은 저렴했지만 나의 시간을 버린 것이다. 그래서 비용을 더 주더라도 제대로 된 곳에서 배워야 한다는 걸 깨달았다. '최고가 되려면 최고에게 배워라'라는 말이 있다. 그것은 배우고 싶은 것이 있다면 비용을 지불하더라도 그 분야의 전문가에게 배워야 한다는 것이다.

내가 책 쓰기를 배우기 위해 〈한책협〉의 김도사님을 찾아간 것도 최고에게 배우기 위해서이다. 책을 쓰면서 내 꿈이 원하는 방향이 정확하게 만들어졌다. 1인 창업 과정도 나는 투자라고 생각하고 배웠다.

최고에게 배운 지식과 의식의 성장은 내가 필요한 어느 때이든 써먹을 수 있다. 원하는 분야에서 성공하고 싶다면 먼저 성공한 선배에게 조언을 구하고, 성공하고 싶다면 성공한 사람과 함께하면 된다. 자신의 분야에서 최고가 된 사람들은 의식 자체가 다르다. 이것은 내가 경험한 것으로 확실히 증명해줄 수 있다.

내가 이렇게 배움에 투자할 수 있었던 것은 내 옆에서 나를 응원해주는 사람이 있었기에 가능했던 일이다. 항상 내가 잘되기를 바라는 그 사람이 있었기에 지금의 자리에 올 수 있었다. 배움에 투자할 때는 진정으로 나를 응원해주는 사람이 아니고서는 주변 사람들에게 알리지 않는 것이 좋다. 성공하기 위해 시작하는 배움에 부정적인 말과 행동으로 사기를 저하시키는 원인이 되기 때문이다.

자신에게 투자를 아끼는 사람은 자신을 책임지지 못하는 사람이다. 수단과 방법을 가리지 않고 자신이 성공하지 못하는 방법만 찾고 있는 것이다. 어느 분야든 고수는 배움에 돈을 아끼지 않는다. 평범한 나를 성공자의 길로 들어서게 변화시켜준 것도 배움이 있었기 때문이다. 배움에 투자하겠다고 결정하는 순간 이미 당신은 성공자의 길로 들어선 것이다.

빨리 성공해서 최고가 되고 싶은가? 최고가 되려면 굳이 1만 시간의 법칙을 따를 필요 없이 거인의 어깨에 올라가 시작하는 것이다. 그 방법을 알려주는 것이 바로 배움이다.

03

변화가 빠른 사람은 영업도 잘한다

시대는 빠르게 흘러가고 빠르게 변해간다. 영업도 다양한 변화의 시대에 접어들어 빠른 정보 습득과 남들보다 빠른 행동력이 성공의 승패를 좌우한다.

현재 전 세계 코로나 시대로 대면으로 영업한다는 것이 쉬운 일은 아니다. 하지만 아직은 대면을 할 수밖에 없는 상황이라 최대한 마스크를 쓰고 손 소독을 하며 고객을 만난다. 시대의 빠른 흐름을 거스르지 않고, 그리고 상황을 최대한 긍정적으로 받아드리고 이용하는 영업인은 지금도 편하게 PC 앞에 앉아서 고객과 상담을 진행한다.

요즘은 줌과 같은 영상 매체들이 코로나 시대로 인해서 전성기를 맞고 있다. 그렇다 보니 굳이 고객과 만나서 커피 마시고 먼 거리까지 이동하는 불편함이 없이도 고객과의 상담을 충분히 진행할 수 있다. 물론 대면 영업이 감성적인 부분, 고객의 집중도를 높이는 데 효율적이고 더불어 훨씬 더 빠르게 고객의 니즈를 끌어낼 수가 있다. 하지만 상황이 상황이니만큼 이런 부분도 하나의 변화에 따른다.

"고객님, 현재 상담은 코로나로 인해서 고객님의 안전을 위하여 화상으로 진행하도록 하겠습니다. 괜찮으시죠?"라고 말하면 "아뇨, 당장 오세요."라고 하는 사람은 없다. 고객에게 충분한 설명을 하고 그 자리에서 설계안을 뽑아서 보여주고 검토하고 또 수정할 수가 있다. 어쩌면 1~2차 미팅을 통해 계약서를 뽑아오고 수정을 위해 3차 미팅을 잡아야 하는 번거로움 없이 빠르게 일 처리를 할 수 있다.

어느 정도 상담을 진행하고 고객이 만족할 만한 결과가 나온다면 청약서를 뽑는다. 또 약속을 잡을 필요가 없어졌다. 바로 전자청약으로 계약을 성사시킬 수 있기 때문이다. 초창기 전자청약은 일부 회사에만 도입된 시스템이었다. 현재는 거의 대부분의 회사가 전자청약으로 가능한 시스템을 만들었기 때문에 어떠한 일이라도 쉽게 계약 처리를 할 수 있다. 전자매체를 통해서 이루어진 계약들은 고객은 물론 담당자도 신경을 쓰지 않으면 소홀해지기 쉽다. 그러니 이런 계약들은 조금 더 관리가 필요하기도 하다.

초반에는 영업 마케팅으로 블로그를 많이 활용했었다. 나의 일상 글이 하나씩 올라오고 내 글을 클릭하는 수가 많아지면 블로그를 통해 그 상품에 대한 구매 문의, 일반 문의 등이 다양하게 올라왔다. 그것을 DB라고 표현을 하는데 DB가 많이 확보되면 될수록 마케팅은 성공했다고 할 수 있을 것이다. 또한 유튜브를 통해 나의 얼굴을 알리고 정보를 정확히 전달할 수 있기에 먼저 고객을 만나서 나를 이야기하고 좋은 상품을 팔 때보다 더 많은 광고 효과를 누릴 수 있다.

하지만 이 두 가지는 꾸준함이 필요하기 때문에 시간을 두고 진행해야 한다는 단점이 있다. 하루에 한 번이라도 글을 꾸준하게 쓰고 영상을 찍는 영업인에게 찾아오는 고객은 얼마든지 있다. 초반 신랑에게 유튜브를 찍게 권한 적이 있다. 신랑은 부끄러움이 많았기 때문에 유튜브 찍는 것을 강력하게 거부하였다. "부끄럽게 무슨 유튜브냐. 나는 내 얼굴 팔리는 걸 그리 좋아하지 않아."라며 계속해서 하지 않겠다고 했다.

"일반 고객들에게 설명하는 것처럼 그냥 카메라 앞에서 조곤조곤 말만 해. 당신은 잘하잖아. 당신이 유명해져서 문의하겠다는 사람들이 많아지면 그땐 나에게 고마워할 걸?"

유튜브 영상은 영업의 광고 효과로 꼭 필요한 것이었다. 남편은 뾰로통하게 입을 내밀면서 촬영에 임해줬다. 처음 시작은 영업을 시작한다는 내용들과 간단한 소개였는데도 불구하고 2시간 이상 걸렸다. 남편은 내가 보는 것이 부끄럽다며 혼자서 촬영한다고 사무실에 숨어들어 촬영을 했다. 그렇게 시작한 유튜브를 30~40편 정도 꾸준히 찍어나갔다. 그러자 유튜브를 보고 펫 보험 상담을 하고 싶다고 연락이 왔다. 정말 마케팅의 효과가 입증되는 순간이었다.

"그것 봐, 되잖아. 기분이 어때?"라고 했더니 말없이 더 열심히 촬영에 매진했다. 유튜브에서 문의한 고객을 상담하러 용산까지 갔다. 계약을 받고 오는 길에 스스로 계약을 받았다고 촬영을 해서 영상을 올리던 남편의 모습을 아직도 잊지 못한다. 지금은 다른 영업을 위해 잠시 멈춰 있지만 유튜브로 마케팅이 충분히 된다는 것을 확인하는 순간이었다. 마케팅은 페이스북이나 인스타그램 등 할 수 있는 수단이 너무나도 많다. 조금만 배우면 누구라도 할 수 있기에 끈기를 가지고 마케팅에 임하길 바란다.

나는 영업인이다. 영업인으로서 나의 최대치의 모습을 다른 가망 고객들에게 노출하고 나를 판매하는 것이다. 자 지금도 늦지 않았다. 인스타그램에 회원가입을 하고 유튜브 촬영을 당장 시작하라. 변화된 자신을 보고 오늘도 가망 고객은 찾아올 것이다.

기본적인 견적과 설명만이 아닌 불확실한 미래를 이끌어갈 수 있는 솔

루션을 제공하는 사람이 되라. 이제 단순히 견적을 내고 물건을 파는 영업의 시대는 지났다. 여러 곳에서 같은 상품을 판매하기에 고객에게 선택의 폭이 넓어졌기 때문이다. 변화된 시대를 따라가지 않고 제자리걸음을 하다 문을 닫은 기업들이 많다. 변화무쌍한 시대에 발맞춰 고객들의 성향도 달라지고 있다. 이제는 인터넷으로 검색하면 다 나오는 그런 설명으로는 상품을 판매할 수 없다. 고객들도 미리 알아보고 마음의 준비를 하고 나온다는 것을 알아야 한다. 미팅을 하다가도 검색만 하면 나오는 정보들을 고객에게 알려준다면 고객은 그 영업인에게 물건을 구입할 필요가 더욱 없어지는 것이다. 그럴수록 영업인들은 그 흐름을 빨리 파악하고 고객에게 어떤 판매 전략을 구성할 것인가를 판단해야 한다.

이제는 단순한 영업의 시대는 지나갔다. 고객이 상품을 보고 끌릴 수 있는 것을 찾아야 한다. 고객이 그것을 내게서 살 수밖에 없는 전략을 짜야 한다.

"사장님, 이 상품은 현재 고객님께서 기존에 사용하셨던 불편함을 보완하여 나온 것으로 사장님께서 이제까지의 업무 단축 및 작업자 환경에 적합하도록 최신 설계가 되었습니다.

만약 이 제품으로 바꾸신다면 근무자는 지금보다 훨씬 좋은 환경에서 근무를 할 수 있게 되며 근무자의 업무 스트레스는 줄어듭니다. 이는 생산향상에도 도움이 될 것입니다.

작업장의 근무자들은 제품을 바꾼 것 하나에도 만족을 느끼며 사장님께서 우리를 생각해주시고자 이렇게 변경했다고 느끼며 회사에 더욱 애사심을 가질 거라고 생각합니다. 단순한 제품 하나에도 현장에서 근로를 하고 있는 근무자들에게는 엄청난 효과를 불러일으킬 수 있습니다. 근로자의 세심한 배려로 회사는 더욱 발전하게 될 것이고 결국 그 이익은 사장님께 돌아올 것입니다."

단순히 제품이 업그레이드되었다는 설명보다 이 제품으로 인해서 주위 환경과 업무 효율이 향상되고 결국에는 회사의 이익이 된다고 이야기하는 것이 구매를 망설이는 사업주에게 더 끌리지 않을까 한다.

일반적인 제품이나 무형의 보험 상품들도 같은 상품이지만 그 상품 하나하나에 이미지를 상기시켜줄 말, 끌리는 말을 붙여 기존의 영업 방식과 비교를 하면 더욱 많은 판매고를 올릴 수 있다.

영업 시장은 거의 포화 상태이다. 보험, 대출, 차량 등 기본적으로 수많은 사람들이 무형 또는 유형의 상품을 판매하고 있다. 어느 순간 보험 상담이 줄어든 적이 있었다. 수많은 사람들이 같은 물건을 팔고 있었기에 특별한 마케팅 능력이 없을 때는 줄어들 수밖에 없다. 그래서 나는 주위에 영업을 하시는 분들을 찾아다니며 최근의 트렌드를 알아보기로 했다. 그중 법인 컨설팅이 있었는데 정부에서 고용을 장려하여 지원금을 주는 프로그램을 전문적으로 도와주는 컨설팅 업체 대표님을 만나게 되었다. 그분은 나보다 나이는 어리지만 남들이 거의 하지 않는 경정청구라는 것을 하고 있었다. 경정청구 시장은 아주 널널하면서도 넘쳐났다. 2시간의 상담 끝에 나는 대표님과 함께 일을 하기로 마음을 먹었다. 남들이 하기 전에 시장을 점령할 수 있는 절호의 기회였다. 일은 순조롭게 풀리지 않았다. 처음 해보는 영업으로 다시 화법을 만들어 외우고 새로운 개척항로 병원 등을 찾아다니며 회사를 소개하였다. 시간이 흘러 조금씩 마음의 문을 열어주는 병원장님들께서 계약을 해주셨고 나는 다시 한 번 변화된 영업, 남들이 하지 않는 영업을 실감할 수 있었다. 지금 하고 있는 영업이 전부가 아니다. 미래와 장기성을 들여다보고 새로운 영업의 길이 있다는 것을 한 번 느껴보길 바란다. 기본적으로 영업인의 마인드가 있다면 상품이 달라져도 빨리 적응할 것이다. 또한 판매고도 만족할 만큼 높일 수 있을 것이다.

04

작은 센스가 고객을 감동시킨다

고객을 만날 때 꼭 하는 행동이 있는데 그 첫 번째는 문자다. 문자 연락은 상대방과의 약속시점에서 '한 번 더 날짜와 장소에서 고객님을 기다리고 있겠습니다.'라고 보낸다. 그리고 당일 약속시간 몇 시간 전에 혹시 시간의 변동이나 급한 약속이 있는지도 묻는다. 상담이 끝나면 고객에게 금일 상담한 내용과 추후 준비해야 할 것들 그리고 2차 약속에 대한 문자를 보낸다. 고객을 만나기 전후에 꼭 했던 이 습관은 고객에게 스케줄을 확인시키고 상담 내용을 상기시키는 데 좋은 방법이 되었다. 나 또한 잊지 않고 스케줄 정리를 할 수 있어 꼭 실행하고 있는 방법이다.

고객은 처음에는 단순한 문자 내용으로 생각할 수도 있겠지만 만날 때마다 이렇게 내용을 상기시켜준다면 고객은 나를 위해 노력해주는 상담사라고 받아들인다. 이 작은 습관은 영업 초기부터 시작하는 것이 좋다. 보통의 고객들은 그날 무슨 이야기를 나눴는지 내가 어떠한 내용을 중요하게 표현을 했는지 잘 기억하지 못한다. 그래서 이러한 문자를 통해서 고객은 상담 내용을 다시 한번 확인하고 정리를 할 수 있는 것이다.

'나는 오늘 담당자와 이런 이야기를 했구나. 설계사가 강조했던 부분이 이런 부분이었구나.' 라는 것을 고객이 인식하기 시작하면 2차 상담에 응하는 자세는 달라질 것이다.

또한 메모하는 습관을 가지자. 상담을 할 때나 기본적인 이야기를 할 때도 습관적으로 메모를 하는 것이 좋다. 물론 처음부터 진지하게 들어가는 것보다 가볍게 고객에 대한 정보를 탐색하여 고객의 관심사나 결혼, 가족, 직장 생활 등과 같은 것을 물어보고 메모를 해두는 것이다. 고객의 작은 관심거리도 빼놓지 말고 메모를 해두자. 이 메모가 우리에게 중요한 정보가 되며 자산이 될 것이기 때문이다. 나는 일 년에 한두 번 정도 고객에게 작은 선물과 메시지 등을 보낸다. 고객은 생일 또는 결혼기념일에 뜻밖의 연락과 선물을 받는다. 그러면 고객들은 감동을 받을 수밖에 없다. 그리고 이것으로 인해 고객과 조금 더 가까워진다.

"두 분의 결혼기념일을 진심으로 축하드립니다. 늘 행복하시고 건강

유의하세요."

이 한 통의 문자가 고객에게는 큰 마음씀씀이로 다가오기 때문이다. 요즘은 카카오톡 등 SNS가 많아 쉽게 고객들을 관리할 수 있다. 그리고 서로 친구가 되어 있을 경우 생일이 나오기 때문에 편리해졌다. 고객들은 이런 작은 행동에 '내가 관리를 받고 있구나.'라는 느낌을 받는다. 내가 필요에 의해서 구매했고 그걸 담당자를 통한 것뿐인데 이런 사소한 것까지 신경을 써주는 것에 무한 감동과 신뢰를 받을 것이며 소개라는 단계까지 이어질 수 있는 좋은 결과를 얻을 것이다.

어느 날 고객의 명단을 보다 고객의 생일이라는 걸 알았다. 나는 바로 고객에게 전화 한 통을 걸었다.

"어머니, 안녕하세요. 오늘 어머님 생신이시죠? 축하도 드릴 겸 겸사겸사 전화 드렸습니다."

그랬더니 "혹시 오늘 시간 되세요?" 하는 게 아닌가?

"네, 시간 됩니다. 무슨 일 있으세요?"
"그냥 보고 싶어서요."

나는 업무를 최대한 빨리 마치고 고객과의 약속 장소로 향했다 혹시 무슨 일이 있으실까 걱정이 되었기 때문이다. 고객은 홀로 일을 하며 자식들을 다 키우신 어머니로 자식들이 다 해외에 취업한 상태였다. 도착한 장소에서 그 고객은 어두운 표정을 하고 있었다.

"어머니, 무슨 일 있으세요? 오늘같이 좋은 날 왜 보자고 하셨어요?"
"시간 되시면 소주나 한잔하면서 이야기나 좀 나누려고 불렀어요."

나는 저녁 식사를 하면서 고객과의 대화를 이어나갔다.

"내가 그리 힘들게 낳고 고생시켜서 번듯하게 키워놨더니 다 소용 없어."
"아니, 왜요? 자녀분들이 뭔가 서운하게 하셨어요?"
"하나뿐인 엄마의 생일을 아무도 몰라. 이 나이에 별게 다 서운하네."

해외에 있는 자녀들이 본인의 생일인지도 모르고 연락도 없었다고 서운해하셨다.

"너무 서운해하지 마세요. 그만큼 해외에서 더 정신없이 살잖아요. 그리고 시차가 달라서 그렇지 전화 올 겁니다. 대신 오늘은 제가 있으니 제가 오늘 고객님의 친구가 되어드리겠습니다."

이분은 감사하게도 지금까지 나의 조력자가 되어주시고 가끔 함께 여행도 하는 친구 사이가 되었다. 연세가 지긋하신 고객분이 계신다. 이분과의 인연은 TV 광고를 보시고 보험을 정리해준다고 하여 전화를 거신 거였다. 보험설계사들은 연세가 많으신 고객분들을 그리 좋아하지 않는다. 연세가 많으실수록 대부분 지병을 가지고 계셔서 유병자 상품 이외 딱히 계약을 할 만한 상품이 없기 때문이다. 설령 계약을 받지 못하더라도 가서 상담을 드리자, 혹시나 내가 도움이 될 만한 뭔가가 있을 수도 있지 않을까 하는 생각을 하며 고객님의 집으로 향했다. 나의 소개를 하고 현재 가입되어 있는 상품을 점검해드렸다.

"고객님, 현재 보험을 잘 유지하시고 더는 가입을 안 하셔도 될 것 같습니다. 그런데 만약 현재의 보험료가 부담되시는 거면 이 부분들만 삭제하시면 돼요."

"네, 선상님, 감사합니다."

감사 인사를 하시면서 대접할 건 없으나 식사나 하고 가시라고 몇 번이나 권해주셔서 식사를 대접받고 왔다. 그날은 이런 부분들을 예상하였지만 아쉽지는 않았다. 부모님 생각이 나서 더 그런 것인지는 모르겠다.

한참 후에 그 고객님이 또 전화를 주셨다.

"사정이 어려워서 이번에 보험을 몇 개 해약해야 하는데 할 줄을 몰라서…. 좀 도와줄 수 있을까요?"

"네, 제가 며칠 뒤에 찾아뵙겠습니다."

방문을 드리니 나중에 자식들한테 손 안 빌리게 장례비 정도 나올 수 있는 상품이 있으면 그걸 가입하겠다고 하셨다. 나는 극구 말렸지만 고객님의 상황을 생각하지 않을 수 없었다.

"그러시면 해지를 도와드리겠습니다. 그런데 추후 가입하시기 어려우실수도 있으세요. 그래도 괜찮으시겠어요?"라고 여쭙고 해지를 도와드렸다. 그리고 고객님이 원하시는 상품에 대한 부분을 비교해드렸다.

상담이 끝나고 또 밥을 대접받고 기분 좋게 집으로 향할 수 있었다. 안 먹겠다고 해도 어르신들의 고집을 꺾을 수는 없기에 맛있게 대접받고 또 나도 고객분께 선물을 드리곤 했다.

어느 날은 김치를 많이 담궜다며 작은 손으로 각종 김치를 싸주시는데 눈물이 날 정도였다. 나는 해드린 게 별로 없는데 이렇게 대접을 받다니 그래서 더욱 그분들과 친분을 쌓고 지금도 종종 찾아뵙고 연락을 드린다. 연세가 많으신 분들은 보험회사에 전화를 하는 것도 쉽지 않을 때가 있어서 그런 부분들에 대한 도움을 드리곤 한다. 계약은 이루어지지 않았지만 그분과 많은 시간을 보내면서 그분의 지인분들 소개를 많이 받았다. 한 고객에게 작게 드린 도움이 그분께는 큰 감동으로 다가왔다고 생각이 든다. 그래서 소개라는 더 큰 이득을 얻게 된 것이다.

한번은 내 번호를 어떻게 아셨는지 한 고객분께 전화가 왔다. 8년 전 가입한 실손을 최근에 설계사의 도움으로 착한 실손으로 변경하셨다고 한다. 그런데 설명을 제대로 못 들은 것 같아 내게 설명을 해줄 수 있겠느냐고 물었다. 가입은 다른 데서 하고 왜 설명은 나에게서 들으려고 하는지 이해를 할 수 없었다. 그렇지만 소개를 받고 연락을 주신 분이라 내 일정을 잠시 미루고 대화를 나누기 시작하였다.

"제가 ○○보험에 가입한 상태인데 설계사분이 오셔서 이번이 바꿀 수 있는 마지막 기회인데 지금보다 보험료가 더 줄어들 수 있다고 해서 바꿨습니다. 그런데 자세히 보니 자기부담금이 일부 30%나 차감한다고 하는데 너무 보상을 못 받는 것이 아닌가요?"

"네, 맞습니다. 보험료가 저렴한 것만큼 혜택도 줄어드는 것 맞습니다. 기존 보험으로 다시 변경하시는 게 좋을 것 같은데요."

"그런데 그렇게 되면 또 3년마다 보험료가 올라갈 것 같아서…. 그럼 유지하기가 힘들 것 같아요."

참으로 난감한 순간이었다. 이 고객은 나에게 보험을 상담하려는 게 아니었다. 하지만 난 최선을 다해서 장점과 단점을 이야기해줬으며, 그 선택의 결과는 고객이 가지고 갈 수밖에 없다고 했다. 그리고 추후에 보상이나 다른 일들이 생겼을 때 내가 더 잘 도와주겠다고 말씀을 드리고 전화를 마무리할 수가 있었다. 이 고객은 추후에 다시 한번 연락이 와서 또 많은 질문을 했으며 그때마다 성실하게 답변을 주었다.

"고객님, 저에게 가입하시지도 않으셨으면서 어떻게 저에게 이런 문의를 주실 수 있죠? 기존 담당하는 설계사에게 문의하세요. 바쁩니다."라고 대답을 했으면 어땠을까?

아직 이분은 완벽한 나의 고객은 되지 않았지만 언젠가 내 고객이 될 수 있다는 생각을 했기에 가능한 행동이었다. 나는 작게나마 미래의 가망 고객에게 작은 센스를 전달했고 그분은 내 담당자가 아니지만 너무도 친절하게 대답을 해준 나에게 고마움을 느끼고 있을 것이라 믿는다. 이처럼 작은 행동들이 큰 결과로 이어질 수 있는 가능성은 언제든지 있다. 고객에게 하는 일들을 귀찮고 돈벌이가 안 된다고 버리지 않으면 언젠가는 성과가 반드시 올 것이다.

05

기대를 넘어 감동을 제공하라

영업 6년 차인 나는 고객들로 인해서 이 자리까지 올 수 있었음에 감사의 인사를 드리고 싶다. 영업을 할 거라고 생각지도 못한 나에게 영업이라는 새로운 시작과 함께 나를 이렇게 일으켜 세워주신 고객들이 없었다면 나는 지금까지 영업을 할 수 없었을 것이다. 그렇기에 나도 받은 사랑과 감동을 다른 사람들에게도 전달하려고 노력을 하고 있다.

20대에 강남 5성급 호텔의 연회부에 6개월간 실습을 나간 적이 있다. 우리는 보통 하루에 한두 개 정도의 행사를 한다. 세미나, 국제회의, 강연, 웨딩 등 여러 종류의 연회 행사를 치른다. 연회부에서 내가 하는 일은 연회 종류에 따라 홀 서빙을 맡거나 바(Bar)를 담당하는 것이었다. 바를 담당할 때는 보통은 음료 제조만 하기 때문에 체력적으로 부담될 일이 없다. 그래서 항상 연회가 잡히면 어떤 행사인지 제일 먼저 확인했다. 연회는 트레이에 메인 접시를 수북이 들고 고객들에게 서비스해야 하는 업무다 보니 힘이 많이 들기 때문이다.

연회 행사를 확인하던 중 깜짝 놀랐다. 웨딩 연회가 세 개나 잡혀 있었다. 연회 두 번만 해도 어깨가 빠질 것 같은데 세 번이라니. 호텔이나 고급 레스토랑에 가면 접시들이 상당히 무겁다. 그런 접시를 한 쟁반에 4~5개씩 올려놓고 한 손으로 들고 나머지 한 손으로 정성스레 내려놓아야 한다. 두 번째 연회까지 무사히 마치고 세 번째 연회를 기다리면서 한숨 돌리는데 다른 날과 다르게 팔이 무척 아팠다. 그래도 3시간만 버티면 된다는 생각에 열심히 서빙을 했다. 애피타이저 접시까지 무사히 서빙을 완료했다. 가장 무거운 접시인 메인 접시를 쟁반에 4개를 올리고 서빙에 나섰다.

고객 앞에서 쟁반을 살짝 내리고 메인 요리를 내어주고 있었다. 갑자기 쟁반을 들고 있던 팔 근육에 경련이 오면서 고객의 허벅지로 모든 음식을 쏟아버렸다. 고객의 양복에 스테이크 소스부터 으깬 감자까지 달라붙어 있었다. 나는 '죄송합니다'를 연신 외치고 연회부 매니저가 달려와

또 사과를 했다. 매니저는 고객에게 지금 양복은 호텔 세탁소에 맡기고 다른 정장을 빌려주겠다고 했다. 다행히 고객은 흔쾌히 허락해줬다. 대형 사고를 친 나는 얼른 고객의 양복을 호텔 세탁소에 긴급으로 맡기고 왔다. 연회가 진행되는 내내 그 고객님과 눈을 마주칠 때마다 죄송하다고 인사를 했다.

연회가 끝나고 세탁소에 양복을 찾으러 갔다. 옷을 들고 오면서 내가 어떤 걸 더 해줄 수 있을까 계속 고민했다. 그러다 문득 서빙하는 동안 고객을 봤을 때 양말에 살짝 묻어 있던 소스가 생각났다. 그래서 서둘러 편의점에 달려가 양말 한 켤레를 사서 세탁한 옷 바지 주머니에 쪽지와 함께 넣어놨다.

"오늘 정말 죄송합니다, 고객님. 아직 업무가 익숙하지 않아 즐거운 행사에 크게 불편을 드렸습니다. 혹시라도 다음에 고객님을 모실 수 있는 기회가 된다면 즐거운 식사시간이 될 수 있도록 노력하겠습니다."

옷을 갈아입고 나온 고객님이 괜찮다고 위로해주시며 마인드가 예뻐서 크게 될 거라고 말씀하셨다. 다음에 꼭 볼 수 있었으면 좋겠다고 하시며 오늘도 너무 즐거웠고 마음도 발도 따뜻하다고 하셨다.

고객을 대하는 태도는 고객을 존중하는 눈빛과 진심 어린 정중함일 것이다. 내가 그날 진심을 다하지 않고 입으로만 사과했다면 고객은 기분

나쁜 경험이 되었을 것이다. 사소함을 그냥 넘어가지 않고 진심으로 굽혔기 때문에 나를 인정하고 감동한 것이다. 항상 나의 입장보다 고객 입장을 먼저 생각하고 행동하면 고객은 감동을 느낀다.

최근에 골프 연습장에 다니기 시작했다. 오래전 3개월간의 지루한 기초를 떼고 100돌이를 유지할 정도의 실력이 되었을 무렵부터 다시 연습장을 다니게 되었다. 영업을 위해서라는 목적도 있지만 요즘은 워낙 골프가 대중화가 되어 있어 가까운 지인들과 술 대신 골프 모임 등으로 발전을 하고 있다. 내가 한참을 연습하며 스스로 자세가 많이 좋아진 것 같다고 생각하고 있었다. 그 순간에 누가 내 옆으로 오는 것이 아닌가. 그 분은 그 골프 연습장에 상주하고 계시는 코치님이셨다. 조심스레 다가오셔서 "한 가지만 알려드릴게요."라며 자세를 고쳐주었다. 나는 감사하기도 했지만 나는 돈을 내고 배우는 수강자가 아니었기에 알려주시는 것에 부담을 느낄 수밖에 없었다.

"지나가면서 보는데 조금만 고치면 될 것 같아 여기 포인트만 좀 알려드리고 싶었어요. 이렇게 한번 쳐보세요, 쉽죠?"라며 쿨하게 사라지셨다.

나는 거의 매일 출근을 하듯 연습장에 갔었기에 코치님과 자주 마주쳤는데, 어느 날은 지나가시다가 "우와, 자세가 정말 좋아졌어요."라고 칭찬을 해주며 지나가는 일이 자주 있었다. 물론 골프를 치는 사람이라면 다 알겠지만 매일매일 공이 똑바로 가지 않는다.

한 날은 "자세가 왜 이리 됐어요? 다시 한번 이렇게 쳐보세요." 하고 알려주시고 또 가버리시는 거였다. 나는 속으로 '왜 자꾸 그러지?' 생각하면서도 한편으로는 너무 감사했다.

나중에 좀 더 친해져서 코치님께 왜 자꾸 자세를 알려주시냐고 물어봤다. 코치님은 수강생이든 아니든 우리 골프장을 찾아주신 분들께 잠시나마 제대로 된 자세로 치는 모습을 보면 행복하다며 수강생들은 정말 생초보들 아니면 강습을 받지 않아도 되고 굳이 하고 싶지도 않다고 하시는 거였다. 가끔씩은 나 자신이 얼마나 똑바른 자세로 치고 있는지 궁금할 때가 많이 있으나 물어볼 곳이 없었는데 이렇게 이야기를 해주시니 정말 속이 시원할 수밖에 없었다. 그 코치님과는 더욱 친해져서 커피를 한잔하기도 하고 소주도 한잔 마시면서 친한 사이가 되었다. 가끔 원포인트 레슨을 받는 정도로 죄송함을 대신했다. 내 입장에서는 기대 이상의 감동을 받았고 미안함과 고마움이 함께 왔기 때문에 내가 할 수 있는 일이 무엇일까를 고민하다 레슨을 받기로 한 것이었다. 지금도 코치님은 나 같은 어중간한 고객들에게 지나가면서 툭툭 알려주시고 쿨하게 퇴장을 하시곤 한다.

영업은 자신을 보여주는 것이라고 하였다. 고객에게 많은 기대치를 줄 수는 없지만 생각하지 못한 부분에서 감동받는 경우도 많이 있다. 요즘은 고객들의 기대치가 많이 높아졌고 영업인들의 지위가 많이 낮아진 것도 사실이다. 영업은 제일 마지막에 하는 일이라고 생각할 정도로 낮은 위치로 생각을 한다. 그렇지만 영업을 제대로 하고 제대로 된 서비스를 하는 이들에겐 오히려 고객이 찾아온다.

영업을 시작하고 한 해가 넘어가면서 나는 가끔 고객들에게 손편지를 쓰곤 한다. SNS의 발달로 손편지가 많이 줄었지만 꼭 1년에 한 번 정도는 고객들에게 손편지로 안부를 묻곤 한다. 고객의 수가 증가할 때마다 손편지를 쓰는 게 힘들어질 때도 있지만 손편지를 받는 고객들은 자신을 위해서 이렇게 편지까지 써주니 고맙고 오랜만에 예전 감성을 느낄 수 있어 기분이 좋았다고 말씀해주셨다. 이것은 단순한 손편지라기보다 하나의 정성이고 진심으로 받아들여진다. 영업에는 무조건적인 답은 없지만 인간관계가 누구보다 중요한 이 시점에서 다른 이들과 차별화된 무언가를 통해 '나는 일하고 있어요. 나를 기억해주세요.'라는 무언의 영업일 것이다. 그런 부분들을 아는지 모르는지 편지를 받은 고객들은 거의 대부분 전화를 통해 서로 안부를 물었고 한 번씩 약속을 잡아 방문을 드리곤 했다.

물론 고객에게 기대 이상의 감동을 매번 줄 수는 없다. 또한 그 감동만을 좇다 보면 영업인으로의 감동이 아닌 갑과 을의 관계에서의 을과 같은 존재가 될 때가 있다. 고객에게 신뢰를 받기 위해 또는 감동을 주기 위해 스스로 을이 되어 갑의 명령을 따르려는 사람들이 많이 있다. 진정한 영업인의 감동과 갑과 을의 감동은 전혀 다르다. 영업을 하기 위해 고객의 비위를 맞춰가며 어떻게든 계약을 받으려는 부분은 전형적인 을의 모습이다. 내가 이야기하고 싶은 것도 바로 이 내용이다. 나는 고객의 일과 개인적인 일은 구분을 하는 편이다.

고객에 대한 약속을 지키고 유지하게 하고 관리를 통해서 고객이 구입한 상품이 잘 보존될 수 있도록 하며 인간관계를 만들라는 뜻이지 절대로 내 계약이 깨질까 두려워 고객의 뒤를 따라다니는 개인 비서가 되지 말라는 것이다. 이 부분이 심해지면 역으로 고객은 당연히 갑의 행동을 하게 될 것이다. 이렇게 되면 고객들의 기대치는 한참 높아진 상태에서 영업을 하는 우리들의 모습은 저 바닥을 헤매고 있을지도 모른다. 기대 이상의 감동 다시 한번 충분히 고민해볼 필요가 있을 것 같다.

06

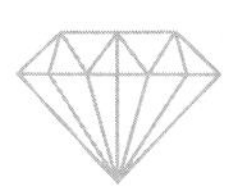

진심을 다해 영업하고, 진심으로 고객을 대하라

영업의 결과는 계약이다. 일상생활을 하는 동안 서로에게 도움이 되는 것들의 모든 행위를 영업이라고 할 만큼 영업은 우리와 밀접한 관계가 있다. 진심을 다해서 상대방을 배려하고 도움을 줄 수 있다면 그 진심만큼은 서로가 알게 된다. 하지만 본인의 이득만을 위해서 상대방에게 다가가는 행위는 그만큼 알아채기도 쉬워서 그 사람과 일정하게 거리를 두려하고 만나려고도 하지 않는다.

예전에 상담을 할 때였다. 법인기업에 컨설팅을 하러 갔는데 생각보다 규모가 큰 중소기업이었다. 이 회사는 식품을 담당하고 있는 곳으로 직원들이 100명이 넘었다. 이 회사의 고민은 직원들이 너무 자주 바뀌어 급여에 대한 부분을 제대로 정산을 하지 못하고 있는 것이었다. 처음 미팅에서 우리가 하고 있는 일을 짧게 설명을 하고 대표단과 함께 현재 회사의 문제점과 우리가 도움을 줄 수 있는 부분들을 협의해나갔다. 대표님께서는 이 문제는 심각한 문제로 보지 않으셨으나 관리 부서에서는 아주 큰 문제로 거론되고 있는 부분이었다. 이에 자신 있게 “저희가 이쪽 경력은 좀 됩니다. 저희가 충분히 해결할 수 있습니다.”라고 이야기했다.

그리고 수수료에 대한 부분을 이야기했다. 회사의 대표님은 수수료에 대한 두 가지 이야기를 들으시고 어떤 쪽이 더 나으냐고 반대로 질문을 하셨다. 우리는 보험으로 받는 것이 더 좋은 결과를 가져온다는 걸 알았다. 하지만 보험에 대한 부담감과 현실에 대한 부분을 설명해드리며, 컨설팅 비용을 지불하는 것이 회사의 입장에서는 더 나은 선택이라는 것을 말씀드렸다. 대표님께서는 그 부분에서 잠시 고민을 하시더니 컨설팅 비용으로 결정을 하셨고 일을 진행할 수 있었다.

수익만 중시했다면 무조건 보험을 가입하는 쪽의 입장만을 내세웠을 것이다. 컨설팅 수수료와 보험의 수수료는 3배 이상 차이가 났기 때문이다. 그렇지만 이 회사와의 좋은 관계를 오랫동안 유지해가는 것이 목표였던 나는 진심을 다해 회사의 임원 입장에서 결정한 선택이었다. 지금도 그 회사는 날로 발전을 하고 있으며 기대했던 것처럼 회사가 커지면 커질수록 더 많은 컨설팅이 필요했고 그 모든 관리를 우리가 할 수 있게 되었다. 한 번에 큰 수익을 내겠다는 욕심을 버리고 작지만 지속해서 관계를 맺을 안을 선택한 판단이 회사와 오랫동안 윈윈 할 수 있는 좋은 계기가 되었고 같이 가는 협력 관계가 되었다.

고등학교 1학년 크리스마스이브 날에 친구를 따라 아르바이트를 간 적이 있다. 각자 흩어져 찹쌀떡을 파는 아르바이트였다. 지금 생각하면 이것이 제일 처음 시작한 영업이라고 생각된다. 아파트를 돌고 초인종을 눌러 '찹쌀떡 사세요.'라고 하면 되는 간단한 일이었다. 제일 꼭대기층부터 순서대로 초인종을 눌렀다. 그날은 크리스마스이브 날이라 대부분의 가족들이 집에서 홈파티를 하고 있었다. 초인종을 누르고 문이 열리면 "찹쌀떡 좀 사주세요. 금방 만들어진 따끈한 찹쌀떡입니다."라고 하면 되는 것이었는데 초인종을 누르는 것은 어렵지 않았으나 말이 떨어지질 않았다. 처음 하는 아르바이트에 그것도 판매를 해야 하는 입장에서 찹쌀떡은 그냥 먹는 것이라는 생각이 들었다. 찹쌀떡을 가지고 어떤 멘트를 해야겠다는 생각을 전혀 해보지 않았기 때문이었다. 그래도 내가 판매를 하러 왔으니 빠르게 판매를 해야겠다고 생각이 들었다. 발음도 잘 안 되는 찹쌀떡을 중얼거리며 벨을 눌렀다. 그 시절에는 벨을 누르면 별 의심 없이 문을 열어주던 시절이라 그리 어렵지 않게 고객들을 만날 수 있었다.

"찹쌀떡 하나 사세요. 크리스마스이브의 하얀 눈송이를 닮은 달고 맛있는 찹쌀떡입니다. 식구들과 함께 맛있게 드시고 따뜻한 크리스마스 보내시는 건 어떨까요?"

'우와, 내 입에서 이런 말이 나올 줄이야!' 그때 당시에 나는 부끄러움은 둘째 치고 추운 겨울이라 얼른 팔고 돌아가야겠다는 마음이 간절했다. 처음 몇 집은 문을 열어주지도 않았다. 대부분이 필요 없다, 우린 그런 거 먹을 사람이 없다 등 거절도 당했지만 계속해서 판매를 이어나갔다. 반복되는 이야기를 하다 보니 말도 좀 더 자연스럽게 나오기 시작했다. 어느덧 하나둘씩 팔리기 시작하면서 나는 기쁜 마음을 감출 수가 없었다. 진심으로 빨리 판매하고 싶다는 생각에 다른 생각은 두고 이 집이 안 되면 옆집, 또 안 되면 아랫집을 마구 돌아다녔다. 어떤 집은 나를 보고 딱 봐도 어린 학생인데 추운 날 떡을 팔러 다니냐고 안쓰럽다며 용돈까지 챙겨주시고 핫팩까지 선물해주셨다.

"열심히 살어. 그래도 세상은 아직 버틸 만한 곳이야."라고 격려까지 받았다. 단순히 아르바이트를 갔던 나는 어느 순간부터 진심을 다해 판매를 하고 있었다. 내 진심이 통했던 것일까? 가지고 간 찹쌀떡 50개를 2시간 만에 다 팔아치웠다. 약 4만 원이라는 돈과 아주머니께서 주신 뜻한 핫팩을 가지고 돌아오는 길에 다시 한번 아주머니를 떠올리며 고마움을 느꼈다. 내겐 크리스마스이브에 잊히지 않는 추억으로 남아 있다.

나는 그 뒤로도 몇 번의 판매 아르바이트를 더 하였다. 유독 그 집에서 판매하는 찹쌀떡이 맛있기로 소문이 나 있어 그다지 어렵지 않게 판매를 할 수 있었다. 어떤 집은 며칠에 한 번씩 오는 거냐고 문의하는 고객들도 생겨나기 시작했다. 단순한 아르바이트였고 직접 방문하는 일이었음에도 나만의 단골손님이 생기기도 했다. 아르바이트는 4일 정도를 하고 끝을 냈지만 아직도 그분들은 내가 오기만을 기다리고 있을지도 모르겠다.

영업을 하다 보면 이익만을 생각할 때가 많이 있다. 영업도 우리는 생계를 위한 하나의 수단이기 때문에 어쩌면 당연한 것인지도 모른다. 하지만 모든 영업인들이 수익만 생각한다면 이 세상에 영업으로 성공하지 못할 사람이 어디 있겠는가? 어느 순간 고객의 취향과 고객의 생각은 뒷전이고 회사의 이익을 통해 나의 소득이 커지는 것만 생각하는 경우가 많아졌다. 그러나 이제는 고객들도 바보가 아니다. 영업인이 이야기하는 모든 내용들을 한 번에 믿고 선뜻 구매하지 않는다. 이 상품이 진짜 좋은 것인지, 평가 글은 어떠한지, 구매한 사람은 많은지, 나에게 꼭 필요한 제품인지를 꼼꼼히 따져보고 결정을 한다. 그렇기 때문에 하나의 상품을 팔 때 진심을 다해서 판매하지 않으면 계약으로 이루어질 수가 없다.

내가 찹쌀떡을 50개 팔 때의 진심이 아직 남아 있길 소망한다. 나의 어릴 적 순수한 마음이 고객을 사로잡았듯이 현재의 나는 고객의 마음을 사로잡을 준비가 되어 있는지 생각을 하게 된다. 물건을 판매하는 것이 아니라 고객에게 마음을 팔 때 고객들은 나의 진심을 봐줄 것이다.

초보 설계사 시절 나는 궁금한 게 너무나도 많았다. 그래서 틈나는 대로 상품에 관해 공부를 하였다. 워낙 신입 시절이었기 때문에 혹시 '고객이 이런 질문을 하면 어떻게 대답을 하지? 이건 도대체 무슨 말일까? 이런 질문은 할 것 같아.' 하면서 혼자서 고객의 입장에서, 영업인의 입장에서 상황극을 많이 했었다. 그런데 역시나 고객이 똑같은 질문을 하는 것이 아닌가?

아무리 연습을 하고 공부를 한다고 해도 내가 정확히 완벽하게 인지하지 못하고 있는 상황에서 고객이 하는 질문은 나를 엄청 당황하게 만들었다. 먼저 바로 진심으로 사과를 드렸다.

"고객님, 제가 들어온 지 얼마 안 되는 신입입니다. 이 상품 또한 출시된 지 얼마 되지 않아서 아직 파악하는 데 다소 시간이 필요합니다. 회사의 매니저님의 도움으로 이 상품이 고객님께 잘 맞을 것 같다고 이야기를 듣고 가져온 것입니다만 제가 다음번에 한 번 더 시간을 내주시면 확실하게 확인하고 궁금하신 점 답변드려도 되겠습니까?"

그리고 솔직하게 말씀드렸다. 고객은 처음부터 내가 초짜인 걸 알면서도 궁금한 것을 물어본 것이라 본인도 솔직하게 말씀해주셨다. 그래서 나는 사무실에 들어오자마자 지점장님을 붙잡아놓고 고객이 질문한 내용들을 리뷰하며 다음번에 고객에게 들려줄 말을 메모하고 머릿속에 저장을 하였다.

"고객님, 지난번에 말씀해주신 부분 확실하게 알아왔습니다."

열심히 설명했고 고객은 열심히 하는 모습이 보기 좋다며, 오랫동안 나를 관리해달라는 말과 함께 계약을 흔쾌히 해주셨다. 지금도 한 분 한 분 고객을 만날 때마다 솔직한 마음으로 진심을 다해 고객에게 응대를 한다. 최선을 다해 응대하는 모습이 미련하다는 이야기를 듣기도 하지만 진심이 느껴지고 전문가다운 느낌이 든다는 이야기를 들으면 나는 행복하다. 결국 내가 선택한 것은 고객의 입장에서 먼저 생각하고 고객이 판단을 할 수 있도록 서브해주는 일이었다. 진심을 담고 영업에 임하니 영업을 더 오랫동안 할 수 있었던 것 같다. 영업사원은 영업을 하는 사람이다. 우리가 어떠한 상품을 팔든 간에 그 대가를 받는 사람들은 조금이라도 고객의 입장을 생각해보고 진실된 마음으로 다가간다면 나의 진심이 고객에게 전달되는 것은 시간문제일 것이다.

07

꿈이 있는 영업인이 아름답다

내게 있어서 도전이란 아무것도 가진 것은 없지만 내가 하고자 하는 일에 있어서 성과를 내기 위해 무작정 달려가는 것이었다. 나는 쥐뿔 가진 것도 없으면서 뭐든 도전하면 성공할 거라는 맹목적인 믿음으로 살아왔다. 어쩌면 지옥같이 가난했던 삶을 비관하지 않기 위해서 새로운 시도만 했던 것 같다. 새로운 것에 도전할 때는 언제나 짜릿한 감정을 느낄 수 있어 나의 비관을 잠시 잊을 수 있었기 때문이다. 그래서 늘 도전이 두렵지 않았다. 가정이 생기고 나이가 드니 도전이란 것이 새삼 어렵게 느껴졌다.

내가 영업을 시작할 때 지금 내가 가지고 있는 것들을 모두 지키기 위해서 과감한 도전을 한 것이다. 그리고 나는 어느 정도 성공의 반열에 올랐다. 그것은 처음부터 영업을 제대로 배웠기에 가능한 일이었다. 영업을 하면서 항상 좋은 시절만 있었던 것은 아니다. 매일매일 실적 걱정에 이번 달 실적 펑크 나면 다음 달 생활이 걱정되는 날도 많았다. 어린 딸을 아빠에게 맡기고 하루건너 하루 전국구로 출장을 다니는 것 또한 엄마로서 미안했다.

번번이 어긋나는 미팅 스케줄에 하루도 마음 편히 잠들어본 적이 없었다. 힘들어서 포기하고 싶었던 날도 꽤 많았다. 영업은 힘들고 짜증나는 일이라고 생각한 적도 있다. 그래도 열심히 영업을 하면서 돈을 벌었고 배웠다. 지금은 꿈과 돈을 함께 이뤄나갈 수 있는 사람이 되었지만 그때는 죽을 만큼 힘들었다. 세상에 쉬운 일은 하나도 없다. 쉽고 편하게 돈을 벌고 성과가 뒤따르는 일이 있다면 그것은 사기일 가능성이 크다.

영업이 내게 가져다준 것으로 나의 모든 삶이 변했다. 내가 살면서 하고 싶은 것들을 모두 이루게 해주었고 내 꿈을 조금 더 빨리 이룰 수 있도록 해줬다. 멋진 미래를 만들 가능성을 알려줬다. 지금까지 어떤 일을 하든 천만 원이 넘는 월급은 상상 속에서만 존재했다. 내 통장에서 받아본 적은 없었다. 통장에 찍힌 천만 원이 넘는 금액은 나뿐만 아니라 우리 가족 모두에게 따뜻한 선물이었다. 마음껏 아이에게 내어줄 수 있었다.

생활비가 넉넉해지고 마음 씀씀이가 넓어졌다. 태어나서 처음으로 '일이란 것이 이렇게 즐거운 것이구나."라고 생각했다. 돈이 있어야 행복한 건 아니지만 그래도 없을 때보다는 있을 때가 더 행복한 법이다. 나는 이 행복을 계속 지속하고 싶어졌다. 나 자신이 뭔가 대단한 일을 하고 있다는 생각이 들었다. 영업을 하며 지금까지 경험해보지 못한 보람을 느낄 수 있었다.

옛날부터 좋아하는 것을 직업으로 삼고 천직을 발견하라고 했다. 좋아하는 일을 직업으로 삼으면 돈이 되지 않는다. 그런데 어떤 것이 내가 좋아하는 일인지를 발견하는 일은 더 어려웠다. 천직이라는 것은 누구에게나 있지만 아무에게나 가지라고 할 수는 없는 것이다. 무슨 일을 해도 실패가 많았던 나는 도대체 내가 직업이라는 것을 가질 수는 있을까. 내가 잘하고 나한테 맞는 일이라는 것이 존재할까 궁금하기도 했다. 영업을 시작하면서도 나는 이게 정말 맞는 일일까 하고 의심했다. 하지만 내가 자신 없던 일이라고 해서 시도조차 하지 않았다면 나는 지금 이 자리에 올라서지 못했을 것이다.

사람이 살면서 직업을 가지는 이유는 생계를 위해서 소득을 창출시켜야 하기 때문이다. 돈이 인생의 전부는 아니지만 가장 기본적인 삶을 영위하는 수단이다. 돈을 벌어야 마음의 여유가 생긴다. 마음의 여유가 생기면 도전하고 싶은 일이 생긴다. 그 도전을 하기 위해 또 열심히 일하는 것이다. 내가 즐겁고 좋아하는 일을 하니 기쁨과 돈이 따라온다. 이런 연쇄적인 반응으로 내가 행복하다면 그것이 바로 천직이 아닐까 생각한다.

내가 가장 자신 없었던 영업으로 성공의 기초를 다질 수 있었다. 그리고 이제는 글을 쓰는 작가가 되었다. 나의 버킷리스트에 소중히 담겨 있는 이 일도 가능할까? 이런 마음을 먹고 시작한 것이 있다. 강연가가 되기 위한 준비를 하는 것이다. 나는 부끄러움도 많이 타고 특별하게 언변이 좋은 것도 아니다. 학창 시절부터 앞에 나가 자기 소개하는 시간이 가장 떨리고 싫었다. 영업을 시작하기 전까지도 사람들 앞에 나가기만 해도 얼굴이 발갛게 달아오를 정도였다. 나는 평생 남 앞에 나서지 못하는 사람이라고 생각했다.

예전에 아이들을 가르쳤을 때는 먹고살기 위해 아이들 앞에 나섰다. 항상 아이들 앞에서도 얼굴이 빨개져서 나의 별명은 토마토 선생님이었다. 이제 와서 강연가의 꿈을 이루겠다는 것이 과연 가능할까 하고 생각했다. 그러나 나는 내가 가장 싫어했고 자신 없었던 영업으로 성공했으니 불가능할 것 같지도 않았다. 요즘은 초등학생들도 발표 수업이다, 뭐다 잘하는데 나라고 못하겠어? 그래서 나는 위닝북스 출판사 권동희 대표에게 원데이 강연 과정을 수강했다. 그리고 나는 진작부터 꿈꾸던 강연가를 준비하고 있다.

지금 당신은 꿈을 꾸고 있는가? 꾸고 있다면 어떤 꿈을 꾸며 살아가고 있는가? 과거의 나처럼 아무런 계획도 목표도 없이 언젠가 잘 되겠지 하고 생각하고 살고 있지는 않은가? 성공하는 영업인은 자신의 꿈으로 시작해서 꿈으로 끝을 맺어야 하는 것이다. 명확한 꿈과 목표를 수립하고 그에 맞는 계획을 만들어야 한다. 그래야 무슨 일이 일어나도 무너지지 않는다.

김미경 원장이 말했다.

"꿈이라고 말해놓고 건드리지 않으면 계속 꿈이야! 꿈이라고 말해놓고 바로 실행하면 뭐다? 더 이상 꿈이 아니고 현실이다. 여러분 '꿈' 자를 가슴속에 오래 두지 마십시오! 바로 현실로 전환시켜버리세요!"

생각만 하고 아무것도 하지 않으면 조금만 시간이 지나도 내 마음 속 어딘가에서 홀연히 사라져버린다. 생각이 떠올랐으면 무엇이든 일단 저지르는 용기가 필요하다. 목표가 생기면 내가 영업을 할 때도 어떻게 해야 하는지 어떻게 만들어갈지가 분명하게 보인다.

그래서 영업인에게 목표는 중요하다. 내가 꿈꾸거나 나를 만들어나갈 목표 하나만 있다면 영업이 즐거워지고 실적도 좋아진다.

나를 사랑하고 나를 많은 사람들에게 알리고 목표한 꿈을 이루기 위해 최선을 다한다면 우리는 결국 승리자가 될 것이다. 오늘부터 끝에서 시작하는 마음으로 큰 목표를 정확히 세워 매일의 성공을 모아 멋진 미래를 만들면 좋겠다.

나는 앞으로도 영업에 매진을 할 것이고 나의 최종 목표인 강연가가 되어 영업을 처음 접하거나 영업에 허덕이는 많은 영업인들에게 힘을 불어넣어줄 것이다. 특강이라는 과정을 통해서 영업의 방식을 알리고 전문 영업인으로 성공할 수 있는 안내자인 동시에 조언자이며, 동반자가 되는 사람이 되도록 노력할 것이다. 내 꿈을 발판으로 더 앞으로 나아가 성공이라는 타이틀을 늘 달고 다니는 사람이 될 것이다. 내 삶에 있어서 불안했던 삶들과 기억들은 나의 성장 발전에 큰 도움이 될 것이고 이제는 기쁘고 행복한 기억들만 가득할 것이다.

영업은 내 삶에 있어서 많은 것을 알려줬고 인생의 선배 친구와 같이 늘 곁에서 함께해주었다. 지금부터 내 인생의 버킷리스트를 작성해보자. 100개의 버킷리스트를 작성하고 매일매일 오늘 내가 이루고 싶은 것 또는 앞으로 이루고자 하는 것들을 50번이든 100번이든 작성을 하여 그 꿈을 이룰 수 있다는 긍정적인 생각을 하는 습관을 들이자. 또한 나만의 화법을 통해서 현재 내가 하고 있는 영업에 전문가가 되도록 노력하자! 그 노력이 쌓이고 노하우가 쌓이면 언젠가 나는 정상에 서 있을 것이다.

꿈을 가진 많은 영업인들의 성공과 꿈을 향해 힘차게 달려나가 각각의 전문가로 정상에서 만나길 희망한다. 화려한 목표가 아니라도 걱정할 필요 없다. 이룰 수 있는 목표를 잡고 발로 뛰어보라. 아주 희망적인 변화가 일어날 것이다.

나의 이 이야기가 내 글을 읽은 여러분에게 아주 조금이라도 도움이 되었으면 하는 바람이다.

"우리는 상위 1% 영업인이다!"